高端访谈

与保险公司老总对话

DIALOGUE WITH INSURANCE GIANTS

本书编委会◎编

中国金融出版社

责任编辑：童祎薇
责任校对：潘　洁
责任印制：程　颖

图书在版编目(CIP)数据

高端访谈：与保险公司老总对话（Gaoduan Fangtan: Yu Baoxian Gongsi Laozong Duihua）/ 本书编委会编. — 北京: 中国金融出版社，2013.9

ISBN 978-7-5049-7110-4

Ⅰ. ①高… Ⅱ. ①本… Ⅲ. ①保险公司—企业管理—经验—中国—文集 Ⅳ. ①F842.3-53

中国版本图书馆CIP数据核字 (2013) 第200209号

出版发行　中国金融出版社
社址　北京市丰台区益泽路2号
市场开发部　(010) 63266347，63805472，63439533(传真)
网上书店　http://www.chinafph.com
(010) 63286832，63365686 (传真)
读者服务部　(010) 66070833，62568380
邮编　100071
经销　新华书店
印刷　天津银博印刷有限公司
尺寸　169毫米×239毫米
印张　12.25
字数　160千
版次　2013年9月第1版
印次　2013年9月第1次印刷
定价　48.00元
ISBN 978-7-5049-7110-4/F.6670
如出现印装错误本社负责调换　联系电话(010) 63263947

本书由中国财产再保险股份有限公司
赞助出版

编委会

THE EDITORIAL BOARD

序
PREFACE

2013年年初，中再产险和春雷总经理告诉我，计划赞助在中国金融出版社出版一本书，内容主要是中再产险在《中国保险报》特约刊登的与国内保险公司老总们的访谈汇集。将保险公司老总们的观点、智慧汇集成书，既有助于我们整体把握当前市场热点和趋势，也有助于我们了解和借鉴不同保险公司的发展经验和特点，同时又为我们所处的保险业转型发展阶段留下珍贵的历史记录，是一件十分有意义而且一举多得的好事。

近年来，产险市场一方面发展迅速，热点频出，在传统领域，车险费率市场化改革等持续酝酿，在新兴领域，大数据挖掘、新技术运用、农险发展等令人关注；另一方面，产险市场也面临保险主体增加、盈利水平下降、渠道格局转变、巨灾频发等一系列挑战性课题。作为行业的从业者，面对机遇与挑战，尤其需要预判形势，解放思想，以改革创新的精神促进行业健康发展。带着这些问题通读本书，领会行业内老总们的深入思考和积极探索，颇有心得。归纳起来可以有以下几点：

一是对产险行业发展趋势的深刻认识。从规模上看，近两年国内产险业增速已明显放缓，背后反映出的是行业整体创新能力不强、产品缺乏竞争力等深层次问题。从效益上看，自2009年以来的承保上升周期已基本结束，产险行业整体已进入下行通道，产险公司效益下降已成普遍趋势。从监管上看，市场化改革步伐在不断加快，“该放的坚决放开，管住管好该管的”成为改进监管的重要出发点。顺应行业发展趋势，尊重行业发展规律，适应行业转型升级需求，将是产险公司实现健康可持续发展的必然选择。

二是对服务能力和差异化竞争的不懈追求。围绕产险市场竞争，书中内容展现出高度共识，即：大公司立足于建立质量效益的价值取向，追求全面和均衡的发展；中小公司立足于特色化、专业化之路，寻求细分市场的差异化竞争能力。这一点已经从综合性产险公司、专业化的责任险公司、农险公司等的不同发展模式上得到印证。在日趋激烈的竞争环境下，产险公司只有立足于发挥财产保险的功能作用，坚持以客户为中心，进行差异化定位，实现专业化发展，才能迎来产险行业百花齐放、百舸争流的更加繁荣的景象。

三是对商业模式变革的积极探索。互联网尤其是移动互联网技术的广泛应用，以及大数据时代的来临，将成为产险业商业模式变革的核心推动力之一。过去我们看到了电销模式推广给车险业销售模式带来的巨大变化；接下来移动互联网与大数据技术的结合，将会促进产险行业完成真正以客户为核心的精准式营销变革，将会在产险业渠道创新、产品创新以及风险管理等诸多方面产生革命性影响。可喜的是，我们看到了产险行业对商业模式变革的高度敏感性和积极应对，行业内一批定位于互联网和大数据技术的电子商务公司甚至保险公司正在兴起。毋庸置疑，那些积极探索和实践未来商业模式的产险公司，将会赢得主动，甚至创造奇迹。

四是创新进取的企业家精神。从很大程度上讲，保险行业的企业家是怎样，保险行业的发展、产品以及对社会的价值贡献就会怎样。书中无论是大公司老总，还是中小公司老总；无论是综合性公司老总，还是专业性公司老总，均展现了优秀企业家的远见卓识和高度的社会责任感，以及令人钦佩的创新进取精神。创新是企业永恒的主题，尤其是在保险行业面临转型发展和诸多挑战的今天，一批极具创新进取精神的企业家，将成为推动行业转型升级的关键所在。

在保险行业转型发展的浪潮中，再保险的作用独特，不可或缺。中再集团作为唯一一家本土的再保险集团公司，坚持履行国家再保险公司使命，紧紧围绕再保险主业不放松，着力推进“战略管理、人力资源管理、内控与风险管理”三大重点，努力在保险业转型升级过程中发挥积极引导作用。中再产险作为中再集团旗下专业的财产再保险公司，近年来在技术创新、风险管理、客户服务和人才引进等方面开展了卓有成效的工作，特别是在构建客户服务体系、全面提升客户服务能力方面取得了积极进展。中再产险以客户服务为基点，正在逐步实现以市场和客户为导向的战略转型，在实践“市场化、专业化、国际化”的道路上渐入佳境。

市场是企业生存发展的基石。对于每一位对保险行业感兴趣的读者而言，28篇访谈录集聚的是28位老总的智慧，反映的是国内保险行业的趋势与未来。精读本书，无疑会加深对保险行业的理解，从而可以从不同角度展开有价值的思考和探讨，这无论对行业、对保险公司还是对个人，都是相当有益的事情。

中国再保险（集团）股份有限公司董事长

李培育

二〇一三年七月三十一日

目　录

CONTENTS

以改革精神推动“三农”保险新发展

——对话中国人民保险集团股份有限公司董事长吴焰

牢牢把握中央强农、惠农、富农政策带来的新机遇，贯彻落实中央农村工作会议和2012年中央一号文件精神，推动“三农”保险再上新台阶，这是当前保险业面临的重大改革任务之一。2012年3月8日，中国保险报业股份有限公司董事长赵健与正在北京参加全国两会的全国政协委员、中国人民保险集团股份有限公司董事长、总裁吴焰对话，双方围绕如何以改革精神促进“三农”保险新发展进行了探讨。

吴焰

中国人民保险集团股份有限公司董事长

吴焰先生，1961年生，研究生学历，博士学位。2012年3月起任中国人民保险集团股份有限公司党委书记、董事长，兼任人保财险、人保资产、人保寿险公司董事长。中共第十七次、第十八次全国代表大会代表。第十一届、十二届全国政协委员。

1985—1998年，先后任共青团新疆自治区团委副书记，中共新疆博乐市市委书记，中共博尔塔拉蒙古自治州州委常委，共青团新疆自治区委党组书记，共青团中央组织部副部长。

1998—2003年，担任中央金融工委团委书记兼中央金融工委统战群工部副部长，全国金融青联主席。

2003—2007年，担任中国人寿保险（集团）公司副总经理，兼任中国人寿资产管理有限公司总裁，中国人寿保险股份有限公司总裁。

2007—2009年，担任中国人保控股公司党委书记、总经理（总裁）。

2009年至2012年3月，担任中国人民保险集团股份有限公司党委书记、董事长兼总裁（2012年3月起不再兼任总裁）。

2010年6月起任日内瓦协会董事，2011年3月获国务院给予的政府特殊津贴。

2007年、2008年获评“中国保险年度人物”。

【赵健】中央一直强调，解决好“三农”问题是各项工作的重中之重。近期一系列政策信息也显示，今年国家加大了支持农业保险发展和完善农业保险制度的力度。中国人保对此一直身体力行，在创新农业保险模式方面作出了有益探索，能否谈谈您的切身体会？

【吴焰】在我国现代化进程当中，“三农”问题始终是党中央、国务院关注的重点。前不久召开的中央农村工作会议提出，要深刻认识“三农”问题的重要性、长期性和复杂性，善于把握农业农村发展的客观规律，统筹协调好各方面关系，更加科学有效地推动农业农村发展。今年中央一号文件在强调推动农业科技创新的同时，指出要持续推动农业稳定发展，加大农业投入和补贴力度，并对提升农村金融服务水平、发展农业保险提出了明确要求。

农业现代化、农村现代化和城镇化、农村社会保障体系的构建，都与金融和保险分不开。2007年以来，国家实施保费补贴政策，推进农业保险，支持农村发展，农业保险在农村社会的转型和发展中起到了很重要的作用，这在理论和实践层面具有重大创新意义。日前，财政部下发了《关于进一步加大支持力度　做好农业保险保费补贴工作的通知》，这是近年来下发农业保险补贴政策文件最早、财政政策补贴力度最大的一次。而今年年初全国保险监管工作会议也强调，今年要重点在农业保险、巨灾保险和个人延税型养老保险三个方面加大政策协调力度，创造有利发展条件，推动出台《农业保险条例》和巨灾保险立法。

应当说，中央农村工作会议和中央一号文件为发展“三农”保险开拓了广阔的服务领域。作为国有骨干保险企业，中国人保将把握契机，把贯彻落实中央精神与深入开展“三农”保险工作有机结合起来，切实增强服务“三农”的责任感、使命感，在新的起点上加快“三农”保险发展，确保中央强农、惠农、富农政策落到实处。

【赵健】现在大家普遍认为，开展农业保险既是财政支农机制的创新，也是政府促进农村、农业稳步发展的重要举措，更是改善农村金融环境的一种机制创新。听说您在两会前夕专程赴湖南常德走村入户调研，向农民征求进一步发展“三农”保险的意见。请问您是如何看待农业保险在解决“三农”问题中的作用的？

【吴焰】2月27日至28日，我先后到常德鼎城区谢家铺镇匡家桥村和武陵区芦狄山乡玉带桥村，了解农村种植养殖大户对农业保险需求情况。农民兄弟在反映这几年开办农业保险后给农村带来的可喜变化的同时，提出了进一步加大力度、扩大范围、提高保障能力的好建议。这更加增强了中国人保开办“三农”保险，为农民解除科技致富路上的后顾之忧，为农业生产保驾护航的信心。对于农业保险的功能作用，我可以举三个方面的例子来说明。

第一，为什么在我国总的贷款规模当中，农村贷款额度较小？我认为在于缺乏某种机制。农业生产受到诸多风险影响，如何解决农民愿意贷、银行敢贷的问题，农业保险其实是一个很好的切入点，通过银保互动，可以激活农村金融。

第二，在中国农村社会转型、城市化过程当中，出现了大量农民工、外出务工人员以及土地转包等新情况。在这个过程当中，如何通过相应的机制，改善和加强农村的组织化程度，构建务实高效的服务和保障体系，这是一个非常现实的问题。回头看看这些年的“三农”保险工作，其实已经有了很好的实践和探索。

第三，促进政府职能的转变，尤其是政府公共服务提供方式的转变。2008年我们接触到两个典型案例：一个是江西省崇义县的有关资料反映，因为雨雪冰冻灾害，大量农作物特别是果树严重损失，有30%的农民说还贷困难，20%多的农民说根本没有办法还贷。这个问题实际上就是，灾害不仅严重影响了农业生产，也造成当地信用环境的恶化，农民对农业林业投入的信心挫伤了，银行也没有信心了。另一个事例是关于能繁母猪养育，从2007年8月开始，国家实施能繁母猪保险政策，鼓励农民买母猪幼崽喂养。到2008年1—2月，雨雪冰冻灾害造成南方一些地方农民养育的能繁母猪大量死亡时，却没有农民抱怨说这种话：“你看，政府说现在猪肉涨价，鼓励我们养猪，现在我们投入进去还没有收益呢，就损失了。”原因在哪？就是因为有保险，农民得到了充分的成本性赔偿救助，他们要么拿保险赔款还银行，要么再投资用于新的再生产，这就使得资金信用链条没有断裂、没有恶化。

【赵健】您举的这些实例增强了发展“三农”保险的理论依据。近年来，中国人保在开展“三农”保险方面已经做了大量工作，取得了相当大的成绩，能否介绍一下这方面的情况？

【吴焰】从2007年开始，中国人保紧紧抓住中央财政农业保险保费补贴的有利契机，大力发展“三农”保险，深入探索发挥保险机制服务经济社会发展和保障改善民生的新途径。时至今日，中国人保大力拓展“三农”保险产生的效果远远超出了原先的预想，使中国人保在积极履行社会责任的同时，实现了社会效应和经济效益的有机统一。

2011年，中国人保财政支持型农业保险承保面积达到4.2亿亩，累计承担种、养业风险责任3800亿元；承保农房保险6100万户，承担风险责任5320亿元。目前，人保财险在农村地区设立的营销服务部超过6000个，保险服务站上万个；人保寿险在全国552家四级机构启动农网建设，新增驻村专员1.98万人，产寿险共建农网接近1000个，成为我国农村机构网络覆盖最广的保险企业之一。

近年来，中国人保许多分支机构坚持从实际出发，在不断克服困难和解决矛盾中，努力实现“三农”保险服务和管理创新，继湛江模式之后，中国人保又探索出了湖南常德、河北泊头、福建龙岩等具有创新意义的农业保险新模式。此外，诸如陕西“银保富”、广东“政银保”等做法和称谓，都凝结了人保员工的创新智慧。这些探索与实践，使农民切切实实享受到了国家惠农政策的好处和实惠，得到了很多地方政府和财政部等相关部委的充分肯定。

尤其值得一提的是，前不久，国务院副总理（现任国务院总理）李克强对中国人保在新疆和田配合行署创新对低保人群传统救助思路、为全市40.9万低保人员开办补充医疗保险的做法作出重要批示："利用商业保险放大医疗救助和基本保障效用的做法，新疆和田能办得到，其他许多地方也应可以做。请注意总结经验，统筹规划，以深化改革的方式推进全民基本保障和提高水平质量。"

【赵健】中国人保发展"三农"保险业务可以说走在了行业前列，取得的成绩值得祝贺。说起模式创新，现在常德模式受到的关注越来越多，您如何看待这种模式的创新意义？

【吴焰】以家庭为单元的分散性非集约化的农业生产方式，造成在中国开办农业保险极为复杂和困难。因此，在中国开展农业保险，不仅需要保险机构付出大量精力，而且要求各有关方面必须形成一种有效协作互动的运作模式。

常德模式就是一种"政府组织推动、公司自主经营、乡村网络支撑、农民自主缴费、赔款支付到户"的模式创新，实现了"承保和理赔两进门、两到户"，把党中央、国务院强农惠农富农的政策落到了实处。

我认为，常德的做法是将政府资源和中国人保的国有企业资源在基层实现了成功对接，不仅解决了在分散性的农业运作模式下开办农业保险的难题，更创造了一个具有中国特色的利用金融保险工具和机制来促进农业生产、服务新农村建设的新模式，其意义不只是技术和操作层面的创新，更为农业保险持续经营奠定了坚实的基础，具有很高的推广价值。

常德等地的探索和实践，增强了我们在分散的、非集约化的家庭农业生产方式下，开展并持续做好"三农"保险的信心；增强了我们在农村社会结构发生变化的情况下，构建面向农民、根植农村的基层组织服务体系的信心；增强了我们在构建大格局中发挥人保优势，实现更好发展的信心；增强了我们从实际出发，在具体的经营管理和服务中实现发展理念、发展模式有效创新的信心。

2月21日，中国人保召开了2012年农村保险工作会议，这是自2007年以来连续第六年召开这样的专题工作会议。面对2012年“三农”保险市场的新机遇，为适应行业资源整合新趋势，中国人保将继续坚定不移地推进“巩固城市、拓展两乡”的市场策略，着力推动农村基层服务体系建设，不断扩大“三农”保险的服务领域和覆盖面，持续加强资源整合和业务协同，在服务经济社会大格局中拓宽公司发展空间，在积极履行社会责任中实现又好又快发展。

（《中国保险报》记者仝春建采写）

转型发展，三年再造一个新太平

——对话中国太平保险集团有限责任公司董事长王滨

2013年3月底，中国太平保险集团有限责任公司董事长王滨率下属各主要专业公司负责人考察苏州，计划继续投入巨资参与当地基础设施建设。在当前保险业为应对低增长而加快转型发展之际，中国太平这一大手笔格外引人关注。4月9日，中国保险报业股份有限公司董事长赵健与王滨董事长进行了热线对话。

王滨

中国太平保险集团有限责任公司董事长

王滨先生，1958年11月生，南开大学金融学系金融学专业在职博士研究生毕业。现任中国太平保险集团有限责任公司党委书记、董事长。第十二届全国政协委员。

1975年7月参加工作，曾在黑龙江省商业厅、黑龙江省政府办公厅、中国人民银行黑龙江省分行、中国人民银行办公厅任职。

1994年11月任中国农业发展银行办公室主任、新闻发言人。

1996年12月任中国农业发展银行江西省分行副行长（主持工作）、党组副书记。

1998年8月任中国农业发展银行江西省分行党委书记、行长。

2000年1月起历任交通银行北京分行党委书记、副行长，交通银行天津分行和北京分行党委书记、行长。

2005年5月任交通银行副行长、党委委员，2010年1月起兼任交通银行北京管理部总裁，2010年4月任交通银行执行董事、副行长、党委委员兼北京管理部总裁。

2012年3月起任中国太平保险集团有限责任公司（中国太平保险集团（香港）有限公司）党委书记、董事长。

【赵健】很高兴与王董事长热线对话。4月2日，《中国保险报》头版头条报道中国太平积极参与苏州城镇化建设。而此前，中国太平已经成功投资11亿元参与苏州工业园区内区镇一体化项目建设。我注意到，去年11月21日你在《深入贯彻十八大精神，努力践行金融央企使命》一文中提出，要将新型城镇化建设与保险业转型发展紧密结合起来。今年您作为政协委员参加全国两会时又提出，让金融改革的制度红利最大程度惠及实体经济。这次中国太平在苏州的重大动作，是否表明中国太平将城镇化列为下一阶段的投资热点？支持城镇化和实体经济发展将是保险业转型发展切实可行的新路子吗？

【王滨】去年以来，保险行业进入转型发展期，但是如何转型一直是行业探讨的热点话题。去年十八大闭幕之际，我在《中国保险报》撰文提出，要将新型城镇化建设与保险业转型发展紧密结合起来，要将支持实体经济发展与资产管理业务做强做优紧密结合起来。这是因为，中国特色新型城镇化与寿险业务转型发展紧密结合。城镇化将提升国民保险意识，促进居民提升风险管理理念、更加积极地通过商业保险等多种手段应对人生风险。十八大报告要求“要实行更加有利于实体经济发展的政策措施”。未来保险资金运用的规模将不断扩大，保险具有吸收社会闲置资金的金融中介功能，对实体经济的支持作用也将不断增强。

为积极参与城镇化和实体经济建设，中国太平将不遗余力地做强做优寿险主业，从容应对渠道多元变革和客户需求多样化，积极探寻业务创新、产品创新、渠道创新，积极探索直接投资实体经济之路。在支持新型城镇化建设、支持实体经济发展的同时，让保险资金充分分享经济转型的发展红利，进而在保障型产品设计中通过调整保单利率等措施更多让利于客户，让保障型产品真正有所“保障”。从操作层面来看，这应该是保险业转型发展切实可行的新路子。

保监会高度重视和迅速落实国家城镇化政策。去年10月，太平资产发起设立“苏州工业园区内区镇一体化项目债权投资计划”，不到三个月就获得保监会批复，成为保险业参与城镇化建设的第一个试点。中国太平现已将城镇化列为下一阶段的投资热点，包括与城镇化建设相关的保障房建设、轨道交通建设，以及各地的环保项目、水污染处理和垃圾处理等。我们将全面投资与苏州城乡一体化有关的基建项目，参与大运河综合治理，以及沿线古镇改造和旅游地产的开发。

【赵健】以积极参与城镇化建设推进保险业转型发展，中国太平动作之大、速度之快，从苏州投资之举可见一斑。由此联想到中国太平提出的2012年至2014年的发展目标——“三年再造一个新太平”，这充分显示了保险业坚持发展这个硬道理的决心和信心。去年中国太平在保险市场增速总体放缓的大背景下实现了逆势增长，良好的经营业绩是如何取得的？三年后又会造出怎样的一个新太平？

【王滨】2012年初，中国太平列入中央直管。新班子成立后，进一步明确了中长期规划和三年战略目标，各级机构人员调整到位，集团面貌焕然一新，士气饱满，斗志高昂，呈现出“人人有激情，时时在状态”的干事创业工作氛围。同时，中国太平抓住战略机遇，与各大银行和大型央企建立战略合作关系，收到了较好的成效。2012年，在国内保险业增速总体放缓的背景下，集团旗下太平人寿实现了16%的增幅，太平财险实现了34%的增幅，均大幅超出行业水平，为“三年再造一个新太平”的发展目标奠定了坚实基础。

长期以来，中国太平一直坚持追求价值持续增长的经营理念，不断提高专业化运作能力、整体盈利能力和可持续发展能力，特别是在过去几年市场不佳的环境下，更是不放弃信念，效果已经体现出来了。以太平人寿为例，它从复业初期即强调有价值期缴业务的开拓，新业务价值持续增长，同时，努力提升继续率，在寿险行业整体不景气、新单保费增速大幅放缓的环境下，最终取得了总保费收入大幅超出行业增幅的良好成绩，并保持较好的税后利润。

关于“三年再造一个新太平”的战略目标，从数字来看，“三年再造”是到2014年集团总保费、总资产和净利润实现翻番，这是一个有形指标的倍增计划。但“三年再造”战略目标实现的过程，则是战略管控、经营管理、基础建设、市场开拓、创新发展、风险管控等一系列能力不断增强与提升的过程，是全集团专业化运作能力、整体盈利能力和可持续发展能力的明显提升，是驾驭市场能力、综合管理能力、创新能力的提升，是市场认同度、客户满意度、品牌美誉度、商誉可信度的提升，是干部员工自豪感、归属感的提升。实施“三年再造”战略，要实现速度、质量、效益、规模的协调发展。因此，“三年再造”其意义不仅在于目标达成，同时在于各项能力的整体提升。

【赵健】如您所说，中国太平列入中央直管后，大动作频出，先后与几大国有银行以及中石油、招商局等大型央企签订了总对总战略合作协议。同时，中国太平也是唯一一家总部设在香港的金融央企，有着自身跨境协同服务的优势。当前，中国太平海内外联动、跨境协同服务方面做了哪些探索？

【王滨】2012年，中国太平抓住列入中央直管的有利时机，重点推进与央企及大型国企的业务合作，先后与交行、建行、东风汽车等12家大型企业签订总对总战略合作协议，建立了大项目领域的共同开拓和追踪督导机制，形成资源分享、统一开拓的良好局面。与此同时，中国太平旗下公司在集团的统一组织协调下，积极行动，实质性地促进了业务的发展。

太平人寿保险股份有限公司银保业务逆势成长，尤其是在交行、农行渠道，去年下半年较上半年月度保费规模提升都在100%以上；太平财产保险股份有限公司在农行自有资产统保、东风汽车、中石油等多个项目获得突破；太平养老保险股份有限公司分别取得东风汽车、交行企业年金投资管理人资格。目前，中国太平与中石化、招商局集团、东风汽车在创新型营销模式等方面的探索正在不断推进中，通过与大型企业签署战略合作协议，有效促进了旗下公司业务发展，提升了集团的市场影响力和竞争力。

此外，中国太平管理总部设在香港，拥有行业最多的境外机构，与境内机构在行业趋势、管理经验、市场动态、产品信息、资本运作与管理平台、人才培养、客户开拓与服务等方面相互支持，互为补充，具有为客户同时提供境内外服务的网络优势和便利条件。当前，集团主要在四个方面进行了有益的探索。

一是围绕“一个客户、一个太平”的综合经营模式，统筹规划集团境外发展战略，优化境外发展布局。按照“立足港澳，以亚太为中心、欧美为两翼”的规划格局，分批次、有步骤地在香港、东南亚、澳大利亚、欧洲、北美、南非等市场寻找发展机会，探索进入新市场的可行性。二是研究加大集团对境外机构的管控力度，拟成立境外机构的集中管控平台，形成集团境外保险经营板块，加强对境外机构的协调管理。三是探索进一步提高集团在香港保险市场的地位，研究在港开办寿险业务或收购当地财险公司的可行性，从整体上提升中国太平在香港的市场占有率和影响力。四是为服务国家“走出去”战略，探索加强集团境内外机构之间的业务合作和服务协同，包括客户资源共享、承保能力相互支持、售后跨境服务、人才互动培训等。

【赵健】随着保险资金投资渠道的陆续放开，中国太平作为旗下拥有境内外多家投资公司的综合金融集团，未来在保险资金运用方面有哪些思路和设想？

【王滨】中国太平一贯高度重视保险资金运用工作，去年就明确提出了“投资与资产管理是集团经营发展生命线”。同时，作为唯一一家管理总部设在香港、跨境经营的中管金融保险集团，针对集团保险资金“以内地运用为主，港澳、海外市场为辅”的实际情况，按照保监会《保险资金运用管理暂行办法》等规定要求，集团确定了“集中化、专业化、市场化、规范化”的投资管理方向，并充分体现跨境金融服务特色。

目前，集团境内公司保险资金已全部委托太平资产管理有限公司投资管理，港澳公司80%以上资金也都委托太平金融控股有限公司管理，海外公司在符合当地监管规定的前提下，为防范汇率风险，主要选择当地合格的机构投资者进行管理。这种模式突出专业化，通过地域分散投资降低了风险，稳定并提升了整体投资收益水平。2006年至2012年的七年期间，集团整体实现投资收益超过350亿元，年均收益率为6.3%，高于行业平均水平。

2012年，保监会13项“投资新政”陆续推出，为保险资金运用解决既有问题、创新发展提供了难得的历史机遇。我们认为，未来两年全球经济仍处于缓慢复苏阶段，国际金融危机的影响依旧存在，世界经济增长不稳定、不确定因素增多，境内外资本市场仍有震荡，但也孕育很多机会。在这种情况下，根据最新的保险资金运用范围，结合集团实际，我们将集团内保险资产今后2—3年的配置重点放在不动产投资、债权计划投资和高收益债券等固息类资产上，同时，加大权益类资产结构调整力度，更加注重资产战略配置，更加注重择时和择股，敏锐抓住资本市场阶段性机会，增厚投资收益；切实执行止盈止损措施，积极利用股指期货等金融衍生工具对冲下行风险，以锁定风险，提升收益。

（《中国保险报》记者李晓波采写）

技术革新是行业转型的重要驱动力

——对话中国太平洋保险（集团）股份有限公司董事长高国富

2013年5月初，中国太平洋保险（集团）股份有限公司（以下简称“太平洋保险”）董事长高国富一行赶赴杭州，参加以“转型发展中的太平洋保险青年——新技术创造新价值”为主题的太平洋保险第七期青年讲坛，宣导太平洋保险“以客户需求为导向”的转型战略。

作为业内较早提出“以客户需求为导向”战略转型的保险公司，太平洋保险在战略转型的道路上已经走出了一条适合自己的特色之路。6月5日，中国保险报业股份有限公司董事长赵健与高国富进行了热线对话，共话太平洋保险的转型之道。

高国富

中国太平洋保险（集团）股份有限公司董事长

高国富先生，1956年6月生，高级经济师职称，上海交通大学管理工程专业博士学位，现任中国太平洋保险（集团）股份有限公司党委书记、董事长。

具有丰富的管理大型企业的工作经验，曾任上海外高桥保税区开发（控股）公司总经理、上海外高桥保税区管委会副主任、上海万国证券公司代总裁、上海久事公司总经理、上海市城市建设投资开发总公司总经理等。

十二届全国政协委员、伦敦金融城中国事务顾问委员会委员、中欧国际工商学院国际顾问委员会委员。2011年，被新华社评为“沪上十大金融行业领袖”，2012年、2013年连续被《财富》杂志评为“中国最具影响力的50位商界领袖”，2013年被《董事会》杂志评为“最具战略眼光董事长”。

【赵健】去年以来，我国保险行业进入低增长时期，请问您如何看待目前保险行业整体的发展态势？太平洋保险又将如何在经济下行的巨大压力下谋求新突破？

【高国富】当前，我国的保险业可谓机遇与挑战并存。我国经济持续稳定增长，为保险业的发展创造了历史性的战略机遇。伴随着人民群众的消费能力增强、消费需求升级以及社会管理的创新，养老、健康、环保、涉农和食品安全等保险产品和服务需求不断延展。同时，保险行业也面临着竞争加剧、保险服务要求提高、企业生产经营成本上升和经济增长下行的压力等，这些因素又给保险业可持续发展带来巨大挑战。在这种情况下，我们相信中国保险业一定会在不断探索内涵式增长的转型过程中与时俱进。

太平洋保险的努力方向始终是以客户需求为导向，专注保险主业，致力于推动和实现可持续的价值增长。在新的一年，集团董事会确定了“稳增长、重价值、促转型、增效率”的经营方针。在发展策略方面，太平洋寿险仍然要坚持聚焦营销渠道、聚焦期缴业务，推动新业务价值的持续增长。产险业务仍然要把实现良好的承保盈利放在首位，同时着力渠道专业化建设，抓住经济社会发展需求，创新业务，加快非车险发展。资产管理公司要注重净值增长，持续优化资产配置，积极应对投资新政，提升专业投资能力，追求投资收益与负债成本的匹配。与此同时，继续坚持价值导向，积极推进“以客户需求为导向”的转型项目落地，创新客户经营的商业模式，为客户提供更好的保险服务，为股东创造更高的价值。总之，我们要把压力变动力，在逆境中谋转型，在创新中谋发展，推动和实现可持续的价值增长。

【赵健】您刚才提到了太平洋保险正在进行“以客户需求为导向”的转型项目。2010年底，太平洋保险在国内保险业较早实施“以客户需求为导向”的战略转型，并提出在未来3—5年内，构建转型框架与实施路径，进一步提升客户满意度。目前，太平洋保险的战略转型取得了哪些进展？下一步转型的重点将放在哪些方面？

【高国富】推进“以客户需求为导向”的转型发展，是太平洋保险面对新环境、面向未来培育核心竞争力的战略举措。

2012年是太平洋保险转型全面启动之年，这一年里，我们完成并优化了转型的顶层设计，设定了“关注客户需求，改善客户界面，提升客户体验”的转型整体目标，确定了优化市场策略和推进转型项目“两手抓”的实现路径。在全集团开展了“走基层、访客户、优服务、促转型”大型活动。全体高管深入基层、深入一线宣导转型，走访客户，与基层员工座谈。共进行了39场转型宣导大会，87场客户、营销员、基层员工座谈会，公司干部员工对转型发展形成广泛共识，在思想上有了改变，主动参与转型，积极献计献策，在“转型大家谈”网上专栏共收到各类建议、意见1400多条，形成了上下互动的良好氛围。与此同时，规划实施的13个转型项目已全部启动，并正在按照项目推动机制有序推进，初步成效已经显现。

【赵健】进入大数据时代后，技术革新是保险公司战略转型的重要落地项目之一。近年来，太平洋保险在3G、移动互联等新技术的运用上大胆创新。您如何看待技术革新给太平洋保险及整个保险行业带来的影响和变化？

【高国富】最新的统计数据显示，中国移动互联网在2012年呈现爆发式增长，移动终端首次超越桌面PC成为第一大上网终端。移动互联网不仅影响和改变着人们的生活、学习和工作方式，同时也在推动商业社会的深刻变革。消费者掌握信息的能力明显提升，企业只有更加快速精准地洞见并响应客户需求，才能在竞争中赢得优势。新技术与行业应用的融合创新，无疑将成为推动传统行业，尤其是金融保险业转型变革的重要驱动力。从保险行业乃至金融行业来看，通过新技术应用来促进服务和销售模式转型已逐渐成为共识。互联网金融是发展趋势，保险行业只有与信息化相结合，才是重塑核心竞争力的现代服务业。

近年来，太平洋保险在行业内率先研发推出“神行太保”智能移动保险平台，全面推广应用车险3G快速理赔系统，在改善客户体验上取得显著成效。基于平板电脑移动终端的“神行太保”完成了对营销服务模式的革命性转变，让客户“随时、随地、随心”地投保成为可能。“神行太保”不仅可以根据每一个客户的需求进行高级定制，而且通过电子签名的应用完成了全程无纸化的投保操作。财产险方面，车险3G快速理赔系统目前已实现产险公司所有分支机构和查勘人员的“双覆盖”，有力推动了传统理赔服务模式的优化、理赔专业能力和工作效率的提升，大大简化了车险理赔流程，将理赔定损查勘时间缩短到平均18分钟。目前，我们还试点推出了车险3G手机自助查勘系统，客户一旦出险，就可通过事先安装的手机软件，让后台专职自助查勘理赔人员远程指导客户进行自助查勘，实现车主出险后“零等待”，进一步改善客户体验。

太平洋保险推动“以客户需求为导向”的转型发展，根本目标是要提升劳动生产力水平，提高投入产出效率，而推动技术革新是实现这一目标的最重要的手段。太平洋保险将充分把握新技术对创新商业模式所带来的重要机遇，发挥和扩大新技术对优化客户体验的积极作用，将更多的生产力解放到以客户需求为导向的市场拓展和技术研发上，加快推动转型发展。

【赵健】我国健康险业务发展潜力巨大。当前，各家保险公司都在发力健康险市场。今年年初，太平洋保险发布公告称，将与德国安联合作成立太保安联健康保险股份有限公司。该公司成立的背景是什么？目前筹备情况如何？

【高国富】近年来，国家进一步明确了商业健康保险在中国医疗保障体系中的重要作用，保监会也陆续推出了一系列推动商业健康险创新发展的具体举措，商业健康险市场正面临难得的发展机遇；同时，我国经济持续快速发展，老龄化和城镇化持续推进，市场和客户对商业健康保险的需求也日益高涨。

在此背景下，太平洋保险与安联拟合作设立一家专业健康险公司，重点发展潜力较大的健康险产品和服务，提升对太平洋保险客户的健康险专业服务能力。未来，我们将发挥安联在健康险领域的专业技术优势，实现健康险公司与集团其他子公司在业务发展和运营管理上的协同效应，努力成为国内领先的健康险产品和服务提供商。

目前，双方已签署有关法律文件，正按照法律法规的要求履行相关审批手续。

【赵健】党的十八大以来，新型城镇化建设成为社会及保险行业关注的焦点。您认为目前中国的城镇化进程会给保险业带来哪些发展机遇？太平洋保险将如何把自身发展融入城镇化的浪潮中，寻求新发展？

【高国富】城镇化是我国可持续发展的重要驱动力，为保险业发展带来了许多重要机遇。保险业具有的市场化风险转移机制和社会互助机制，在参与社会管理、协调城乡发展、完善社保体系等方面具有独特的优势，保险资金在城镇化进程中可以大展身手的机会有很多，特别是在基础设施建设、权益保障、养老、医疗、环保、城镇安全运营等方面，保险机制可以其独有的市场化和专业化特点，在城镇化的进程中提供全面有效的保险服务。以基础设施建设为例，城镇化进程中未来城际交通网络建设、小城镇基础设施的改造，无疑将挑战地方财政承受力，长久期的保险资金可以弥补城镇化过程中大规模基础设施建设的资金缺口，同时也为保险资金找到稳定的配置标的。

目前，太平洋保险正加紧对城镇化进程的研判和把握，积极发挥自身优势，努力拓宽保险服务领域，着力推动与城镇化密切相关的保险业务的发展，在城镇化相关的业务领域挖掘增长点，进而为城镇化建设作贡献。

（《中国保险报》记者高嵩采写）

苦练管理内功　公司必能发展

——对话中国人民财产保险股份有限公司总裁王银成

近年来，中国人民财产保险股份有限公司坚持以解放思想为先导，推动公司从传统国有企业向现代化商业保险公司全面转型，走上了持续稳定健康发展的良性发展轨道。6月25日，全球著名财经媒体《福布斯》推出“2012年中国最佳CEO”榜单，人保财险总裁王银成凭借公司优秀的经营业绩荣登榜单，成为本次唯一上榜的中国金融企业管理者。

2012年7月初，中国保险报业股份有限公司董事长赵健走访了人保财险，围绕深化保险公司改革转型，尤其是在加强内控合规体系建设、强化专业管理能力等方面的话题，与该公司总裁王银成进行了对话。

王银成

中国人民财产保险股份有限公司总裁

王银成先生，1960年生，经济学博士，高级会计师。现任中国人民保险集团股份有限公司副总裁，中国人民财产保险股份有限公司党委书记、总裁，中国保险行业协会副会长、中国精算师协会副会长。

1982年加入中国人民保险公司，历任中保财产保险有限公司计财部总经理，中国人民保险公司深圳市分公司总经理，中国人民保险公司总经理助理，中国人民财产保险股份有限公司副总裁、首席财务官。

具有30多年保险从业经验，积极推动中国人保财险改革转型，构建现代保险商业企业，带领中国人保财险在2012年实现保费收入突破1900亿元，在单一品牌财产险公司中位列亚洲第一、全球第二。

2011年被评为“中国经济十大领军人物”；2009年、2012年获评“中国保险年度人物”；2012年、2013年被全球著名财经媒体《福布斯》评为“中国上市公司最佳CEO”，成为唯一一位连续两年获此殊荣的中国金融企业领导。

【赵健】首先祝贺您入选《福布斯》中国最佳CEO榜单。去年人保财险保费收入比2007年增加了近一倍，经营利润由2008年的0.5亿元增加到了102亿元，股本回报率由不足1%上升到26%以上。今年上半年，在国内外经济形势并不乐观的情况下，人保财险保费收入仍然实现历史性突破，半年即突破千亿元，据说效益也不错。您如何看待个人入选《福布斯》榜单与公司经营业绩之间的关系？

【王银成】我对自己入选《福布斯》中国最佳CEO榜单，一方面很意外，另一方面也很欣慰，这也是对人保财险发展结果应有的一个肯定。近几年来，人保财险面向未来的发展能力、盈利能力持续增强，特别是已经迈入国际大公司行列，公司的优异业绩和良好成长性有目共睹。这个殊荣的获得，离不开中国保监会和中国人保集团的大力支持，离不开全系统广大干部职工为客户提供保险服务的辛勤努力。荣誉属于整个保险行业，属于我们的管理团队，属于人保财险的全体干部职工。千万不要产生这样一种误解，以为我真的就是最佳CEO了，我可不敢这么想。

【赵健】荣誉属于大家，但企业家的作用也是至关重要的。像人保财险这样一个国有控股的老牌公司，能有今天这么大的变化，必然是内因产生了决定性的影响。您认为最重要的内部变化在哪里？

【王银成】这些年人保财险之所以有很大变化，能够进步，最重要的原因还是我们抓学习型组织建设，解放大家的思想，改善心智模式。很多人认为，国有企业干不好，有很多体制机制上的问题，其实也有心智模式的问题。我一直认为，企业管理归根结底还是人的问题，围绕员工能力建设推进专业化管理，只要尽心尽力做了，国有企业未必做不好。

我担任人保财险总裁后的第一件事，就是打造学习型组织，不仅我本人学，也要求公司系统所有干部职工一起学。管理大师德鲁克的书一直在我的案头放着，一有时间我就要看看，常温常新，有的书看的次数还比较多，像《卓有成效的管理者》，在深圳分公司做总经理的时候我就在看。

这几年，每个月最后一周的周五下午，是人保财险系统的学习时间，叫“总裁共享课堂”，我们会根据不同阶段的不同需要，邀请国内各方面的知名教授和学者来讲课，从国内外管理案例到历史、文化都讲，开阔视野，建立公司共同的知识背景和员工共识，做到与时俱进，改变原有的心智模式。现在公司系统上下都知道这样一句话：“工作学习化、学习工作化，只有在工作中学习，在学习中工作，才能推动公司进步。”一家公司靠一个人不行，一个人的知识也非常有限，当多数员工结合他的知识学会了他要学的东西，明白了应该明白的道理，这个公司肯定差不了。

【赵健】人保财险一直在深化改革转型，您也一直在讲要“回归本原”“回归逻辑”。那么，练好“内功”是否是人保财险改革转型的首要目标？

【王银成】打造学习型组织，目的就是要把人保财险的发展方向、路径和目标搞清楚，把逻辑关系理顺。保险经营应该有其内在的逻辑关系，在市场不规范或者管理不太理想的时候，就会出现数据打架的问题。比如说这家公司赚钱，却发现准备金不够，或者应收保费很高，根本没有现金流，这些都不符合逻辑关系。理顺逻辑关系，就是要按经济规律、保险规律和管理规律办事，只有回归到事物的本来面目，保险的作用才能得到更好的发挥。

我一直认为，企业的价值不在内部而在外部，也就是说，企业为社会提供了什么，为客户提供了什么。但是，要实现外部价值，就必须先从练“内功”开始，从自身的强身健体做起。如果内部的管理秩序、管理目标、管理逻辑和管理工具不清晰、不到位，最终企业的外部价值就体现不出来，实现不了。“内功”练好了，逻辑关系理顺了，生产力自然就有了，就会有抵抗力，可以防严寒，甚至可以抗周期。今年上半年人保财险实现了两位数的增长，时间过半任务过半，按照过去几年的惯例，下半年的发展也差不到哪儿去，至少应当和上半年持平，这就是苦练“内功”产生的效果。

在人保财险改革转型过程中，我还提出一个工作原则：短期有效、长期有利。工作千头万绪，很多的事情都要做，只要符合这个原则就可以。实践证明，在这样的指导思想下，我们的大量工作都在同时推进，在管理平台建设、定价能力建设、内控合规体系建设，以及流程变革、渠道建设、销售体系建设等方面，都做了大量卓有成效的工作。

【赵健】说到内控合规体系建设，据我所知，这是人保财险在深化改革转型过程中的一项重要举措，而且也比较成功。

【王银成】近年来，人保财险成功搭建了核保、理赔、95518、财务和IT五大集中省管控平台，基本实现了管控平台上移、风险端口前移和关键风险点的集中管控，今年38家省级分公司IT系统还会全面大集中，这就意味着我们将实现运营的全面信息化和集中化，公司的决策、运行效率、运行质量、数据质量、服务能力都将得到根本性的提升，这家有着60多年历史的老国企，经营管理水平将迈上一个全新台阶。

与此同时，我们按照国家五部委的要求，认真落实《企业内部控制基本规范》，实施了内部控制评价与改进项目，对内控体系进行了全面梳理和评估，并把所有的关键控制点和风险点嵌入到了IT系统实施刚性管控，实现了内控合规由事后惩戒到事前预防、事中管控的转变。为此，财政部将我们作为中国企业执行《企业内部控制基本规范》第一批示范单位，以财政简报的形式上报了党中央、国务院。

【赵健】我刚才参观你们的企业文化陈列室，发现有一张奖状盖有“中共中央”、“国务院”两个公章，内容是人保财险理赔管理部2010年被党中央、国务院评为“上海世博会先进集体”，这个荣誉不仅对人保财险来说难得，对保险业来说也相当难得。

【王银成】这是人保财险历史上的一个特殊荣誉。这张奖状盖有两个最高级别的印章，有一个印章分量就已经很重了，两个印章更加彰显荣誉的重要。这也说明，人保财险不仅拥有政治优势和品牌优势，更重要的是我们有一支综合素质比较高的干部员工队伍，我们的理赔服务工作有坚实的基础。当然，与党中央、国务院以及广大消费者的更高要求相比，我们的服务还存在很大的差距，我们正在努力改善理赔服务水平。

从两年前开始，按照“垂直管理、集中管控、统一标准、就近服务”的原则，我们顺利完成全系统理赔事业部的组织机构改革，构建起了集中化的理赔组织架构和管理模式。人保财险系统理赔人员大概有3.5万多人，这支队伍直接和客户打交道，怎样保证服务效率，做到不惜赔、不滥赔？垂直管理之后，理赔人员、理赔部门和当地经营单位没有直接关系，和公司赚不赚钱没有关系，任务只有两个，一是忠实履行保单责任，二是反保险欺诈。这个做法的好处就是能够大大提高理赔的反应速度，今年上半年，我们的理赔标准、服务效率和客户满意度直线上升，客户投诉率同比下降了50%多。

【赵健】“三农”问题一直是中央和社会各界关注的重点，能否谈谈人保财险下一步在农业保险发展方面的打算？

【王银成】正如中国人保吴焰董事长反复强调的，作为国有骨干保险企业，中国人保一直把贯彻落实中央精神与深入开展“三农”保险工作有机结合起来，以高度的责任感、使命感大力发展“三农”保险，深入探索发挥保险机制服务“三农”的新途径。在农险问题上，我在和地方政府领导见面时都说，人保财险追求的是收支平衡、略有结余、以丰补歉、以农养农，这也是我们农险的经营指导原则。农民是弱势群体，国家高度重视“三农”问题，人保财险开展农险业务，是把企业应当承担的社会责任放在了首位，正因如此，农网建设成为我们的“一号工程”。

过去三十年，人保财险一直没有离开过农村市场，所有县域都有机构，去年我们开始把机构向乡镇延伸，现在已经建设完成了18万个乡镇保险服务站，组建了24万人的协保员队伍，他们不是村长就是村支部书记，至少是村会计，都是村里有威望的人。这个体系相当于我们的队伍直接扎到了农险最基层，在解决以往信息不对称问题的同时，可以为农民提供更便利的保险服务，而且通过“四公开、两到户”，从承保到理赔能够做到及时准确，谁家出了什么事，张榜公布，农民之间相互监督，这样我们在农村开展保险服务心里就更踏实了。

【赵健】您认为，未来几年国内的财险市场将面临哪些变化，人保财险将如何应对？

【王银成】关于今明两年的市场环境，我们主要有四个判断：一是宏观经济增长放缓、汽车市场总体疲软导致业务发展速度较前几年有较大幅度下降，但当前国家实施积极的财政政策以及汽车市场复苏趋势的逐步明朗，有助于推动车险、企财险、工程险、货运险等业务的恢复性增长；二是中央加大社会管理力度，重视保障民生，当前农险、责任险、信用保证险、健康险等政策支持型业务正面临良好的发展机遇；三是市场竞争出现加剧趋势，今年的综合成本率仍处于较低水平，但会有所上升；四是监管部门继续加大市场秩序规范力度，有助于推动竞争朝良性的方向发展。

当前，我最关注的还是公司经营管理水平的持续提升，外在市场环境在不断变化，但公司内在管理品质才是根本，管理品质上去了，公司在每个环节都能按照保险的经营管理逻辑做事，就不必担心外在市场的变化，能够以不变应万变。今年人保财险开始实施“使命2015”计划，目的是要将公司建设成为一家全球领先的财险公司，而管理水平的全球领先，是其中最核心的环节。

（《中国保险报》记者仝春建采写）

创新一直是平安的DNA

——对话中国平安财产保险股份有限公司董事长孙建平

刚过完25周岁生日的中国平安，从设立创新中心到如今试水互联网金融，创新与创业始终如影随形。中国平安财产保险股份有限公司（以下简称“平安产险”）作为平安集团旗下的财产保险公司，25年来一直走在行业创新的前列：率先实行核保核赔制度，率先引进风险控制体系，率先实现全国通赔车险理赔服务，首家获批车险电话销售专属产品……可以说，平安产险的每一步重要发展，都与创新有关。

2013年6月20日，中国保险报业股份有限公司董事长赵健对话平安产险董事长孙建平，就平安产险的创新之路与变革之举进行了交流。

孙建平

中国平安财产保险股份有限公司董事长

孙建平先生，1961年11月16日生，华中工学院（现华中科技大学）工学学士，中南财经政法大学经济学硕士学位，高级经济师。现任中国平安财产保险股份有限公司董事长兼CEO。

1985—1988年，任职于上海沪东造船厂柴油机研究所，担任助理工程师职务。

1988年，加入平安保险公司，历任深圳分公司水险业务部室主任，平安保险大连代表处主任，平安保险总公司涉外业务部总经理助理，平安产险深圳分公司副总经理，平安产险广东分公司副总经理，平安产险总公司车险部总经理等。

2002年起，进入平安产险总经理室，历任协理、副总经理、常务副总经理。

2011年5月至今担任中国平安财产保险股份有限公司董事长兼CEO。

【赵健】我们看到，平安产险一直是行业创新的先行者。无论是不断升级的技术手段，还是近期推出的特价机票取消保险以及个人账户资金损失险，都在致力于提升保险服务能力和拓宽保险服务范围。您说过，平安要走在行业的最前面，只有依靠不断地创新。那么，平安产险发展到现在，您对保险创新的重要性有怎样的独特感悟，对未来创新又有怎样的考虑和设计？

【孙建平】在竞争中求生存，在创新中求发展。创新一直是平安的DNA，也是公司生存发展的根基。这就是我们对创新必要性和重要性的切肤之感。世界正在快速变化，不断有新的保险需求涌现出来，客户也比以往任何时候都更加注重消费体验。唯有通过持续的创新，才能使公司的服务能力与客户的需求变化保持同步，为客户提供简单而合适的服务体验。

值得欣慰的是，近期我们已经拥有了一些创新成果，比如借助iPad、超级网银实现现场查勘、现场定损、现场支付；利用3G网络和远程视频技术实现远程定损；通过微信实时查询车险理赔进度；通过理赔风险智能识别系统对规则和数据模型的整合，实现事中实时监控；开发E行销手机客户端，帮助销售人员为客户更加及时地报价。

未来，我们将紧紧围绕客户体验，利用先进科技手段，在产品创新、渠道创新、服务创新、经营模式创新和新科技创新上持续探索，真正做到“专业，让生活更简单”。

【赵健】当前，我国保险业的市场化改革正在加速推进。无论是商业车险费率市场化，还是交强险对外资放开，我国产险市场的竞争将会日趋激烈。同时，随着目前行业综合成本率的不断上升和承保利润的下滑，有一种观点认为产险业已经进入了下行通道。平安产险作为我国产险市场的龙头企业之一，您怎样看待由此带来的行业变革以及对平安产险的影响？平安产险有着怎样的应对之策？

【孙建平】目前，产险市场竞争越来越激烈，承保利润呈现下滑的趋势，这属于正常的行业周期，也是市场调整的正常现象，可以说与商业车险费率市场化或者交强险对外资开放有关系，但是并没有必然的联系。

商业车险费率机制的改革对行业产生深远影响，涉及保险费率、产品创新、理赔习惯等多方面，且与广大消费者的利益息息相关。平安产险作为财产险市场的重要一员，在行业协会的组织下，积极推进商业车险费率市场化相关工作，具体内容包括条款修订、费率测算、实务制定等细则。我们相信，根据实际情况，监管部门将会稳步推动商业车险市场化。在这个渐进的过程中，平安产险将与其他保险主体一起，致力于为客户提供贴合实际需求的保险产品，为客户提供更优质的服务。

【赵健】保险业发展到现在，服务已经成为核心竞争力之一。据了解，平安产险近年来在服务提升上投入了很大的人力和物力，前不久还在业内率先将空乘服务标准引入基础服务中，这也是业内的一个创新之举。您怎么看待产险业目前的服务水平？平安产险下一步在服务上还会有哪些规划和举措？

【孙建平】坚持以客户为导向，不断提升客户的消费体验，一直是平安产险努力的目标。从2009年至今，我们连续5年升级服务承诺，今年推出了以“亲和、简便、及时、告知、契约”为标准的“心服务”，要求员工以此作为行动准则，从售前、售中、售后全面提升客户体验。

在售前阶段，我们通过及时了解客户的需要和感受，推出满足客户需求的新保险产品和服务举措，例如近期推广的针对“禽流感”的保险产品，就受到客户广泛的好评；在售中阶段，通过专业化渠道进行保险销售，要求销售人员从客户角度出发，阅读客户潜在意愿，对于客户关心的保险产品及服务环节，主动告知关键信息，满足客户对合同履行等信息的知情权；在售后阶段，我们做好出险客户的理赔服务和非出险客户的增值服务。今年，首度推出“结案支付即时到账”、“个人VIP客户全程无忧简易理赔”、“车险理赔进度微信实时查询”等多项服务举措，让客户得到更便捷的理赔服务体验。

未来，我们将持续以满足客户需求为第一要务，不断提升客户体验，让客户享受简单生活。

【赵健】从微信实时查询这一个服务点子，就能感受到平安对技术创新的敏锐与务实。当前，网销已经成了保险业一个比较热的话题，各家公司特别是寿险公司都在计划大力发展网销。作为产险公司，平安产险第一季度保费同比增长了12%，其中来自交叉销售和电话销售的保费贡献占比达43.4%。平安产险如何看待网销这个渠道？平安产险在渠道战略以及如何保持在电销领域的领先地位方面有何考虑？

【孙建平】通过网络销售保险产品的方式，让客户购买保险更为便捷，也让保险公司的销售过程变得简单，客观上也降低了公司的销售成本，能够回馈客户更多实惠，代表着未来的方向。近年来，平安产险积极探索网销渠道，加快构建客户服务体系，发展电子保单，搭建包括违章查询在内的公共信息平台。

平安产险坚持“以客户为导向”的经营模式，匹配了车行、新渠道、代理等专业的销售渠道。中台围绕分渠道的销售组织模式，产品、核保、预算、成本管控要素紧密支持渠道运作；后台采用集中、共享的运营模式，最大程度支持渠道化经营及综合金融销售。未来，平安产险将继续以客户为中心，依托集团综合金融战略，逐步完善分客户群的产品渠道模式，最终达到客户、公司、合作伙伴的多方共赢。

平安电话车险自2007年7月获颁业内第一家电销牌照以来，历经探索期、粗放式发展、精细化管理、规模经营几个阶段。在业务规模迅速扩大的同时，产品服务上一直进行着创新。平安电销依托强大的后援平台保障，将持续为车主用户提供定制化的个人和产品服务，让用户能够获得最佳体验。

【赵健】虽然我国产险市场目前还是以车险为核心，但在车险承保业务增势趋缓的情况下，非车险业务已经受到了各家产险公司的重视。尤其是《农业保险条例》的出台以及一些责任险种被纳入强制险范围，可以说给非车险业务的发展带来了一个很好的契机。对此您怎么看？目前平安产险的非车险业务情况怎样，未来会在哪些方面重点突破？

【孙建平】国内的非车险市场潜力很大，平安产险一直以来非常重视非车险业务。目前，我们的非车险业务稳健发展，有一支专业的非车险业务核保、理赔和销售队伍，有较为全面的非车险产品。《农业保险条例》的出台以及责任险纳入强制保险为财产险行业非车险的发展带来了新机遇，平安产险积极配合政府的政策要求，逐步拓宽销售渠道，大力促进包括农险和责任险在内的非车险业务发展。

未来，平安产险非车险业务将重点在三个方面进行突破：一是拓宽业务领域，抓住农村城镇化加速发展为农险业务带来的契机；二是加强环境污染、食品安全、安全责任等责任保险新产品的开发；三是发展个人家庭综合保障计划以及小微企业非车险业务。

【赵健】随着经济社会的发展，企业承担的社会责任正不断被重视。这几年，平安产险也是屡屡组织和参加各种公益活动。听说您在平安希望小学的校长轮值计划中还兼任了小学的校长。作为保险公司的高管，您怎样理解保险企业的社会责任，又如何理解责任在保险文化建设中的作用？

【孙建平】企业的社会责任是社会在经济发展的特定阶段，外部对企业承担责任的期望和要求。保险业作为规避和化解各类风险的重要手段之一，也是经济助推器和社会稳定器，具有较强的外部辐射效应。保险行业这种属性就决定了保险企业要承担更加广泛的社会责任。作为行业领先的企业及平安集团中坚，平安产险在企业发展的过程中，不仅仅扮演单纯的经济法人角色，更要积极履行社会责任，参与推动教育、环保等公益事业发展。

这些年来，平安产险在每次大灾来临时都积极开展赈灾救助，如芦山地震发生后，集团第一时间向灾区捐款650万元，平安产险也在震后24小时内紧急预赔客户100万元，成为当时赔付金额最大的财产险案件。此外，公司各级员工积极捐资助学，到平安希望小学进行支教。去年，我们启动了平安希望小学的校长轮值计划，填补了希望小学建设过程中重硬件、轻软件的空白。此外，平安产险还积极参与集团推进的“低碳100行动”，如在2010—2011年期间，公司代表客户在西部干旱地区捐种了110万棵树苗。

今年，保监会正式发布了保险行业核心价值理念，即“守信用、担风险、重服务、合规范”。保监会主席项俊波有个表述：培育和践行保险监管核心价值理念、保险行业核心价值理念是保险文化建设的关键环节。这些年来，平安产险积极参与企业社会责任实践，我们也深刻感受到，这个过程实际上契合了这些核心价值理念，不管是捐资助学还是参与环保事业，还是赈灾救助，都体现了守信用、担风险、重服务等。勇于承担社会责任，正是我们践行保险文化核心价值理念的切入点和落脚点。

（《中国保险报》记者李晓波采写）

中华保险二次创业三步走

——对话中华联合财产保险股份有限公司董事长李迎春

2006年，经历了高速扩张的中华联合财产保险股份有限公司（以下简称“中华保险”）出现巨额亏损，由于现金流短缺、再保不支持，公司偿付能力急剧下降，队伍出现不稳定情况。2009年3月，由监管部门派出的“加强公司内控工作组”进驻中华保险总部，其后，公司经营情况逐步好转，2010年、2011年连续两年实现盈利。

从2009年至今，曾陷于严重经营风险的中华保险如凤凰涅槃获得重生。3年来，中华保险人卧薪尝胆，重振河山，公司从巨亏转向盈利，公司业务日趋向好，重组进程再度提速。2010年12月，公司总部从新疆迁往北京；2012年3月，经中国保监会核准同意，公司注册资本金增加至75亿元人民币。

这一切，外界鲜为人知。2012年4月初，中国保险报业股份有限公司董事长赵健一行专程走访其位于北京市西城区的公司新总部，在与中华保险董事长、总经理李迎春的交谈中，了解到公司“二次创业”的诸多内情。

李迎春

中华联合财产保险股份有限公司董事长

李迎春先生，1957年生，本科学历，高级经济师。现任中华联合财产保险股份有限公司董事长、党委书记，中央财经大学兼职教授。

1988年8月至2000年7月，任中国人民保险公司合肥市分公司党委书记、总经理；2000年7月至2010年8月，任中国保监会安徽监管局党委书记、局长；2010年8月至2013年5月，任中华联合财产保险股份有限公司董事长、党委书记、总经理；2013年5月至今，任中华联合财产保险股份有限公司董事长、党委书记。

2010年接掌中华联合财产保险股份有限公司后，提出了“二次创业三步走”发展战略，计划用10年的时间把公司打造成“业内受尊重，业外有影响”的创新型、多元化的保险集团公司。经过大刀阔斧的改革，公司经营步入良性发展轨道，2010年起连续三年实现盈利。

2011年获评“中国保险年度人物”。

【赵健】中华保险因高速扩张导致2006年出现巨额亏损，行业为其风险捏一把冷汗。2009年3月，您从安徽保监局局长任上临危受命，率领“加强公司内控工作组”进驻中华保险当时位于乌鲁木齐的总部开展整改。请谈一下内控工作组进驻中华保险做了哪些工作，中华保险发生了怎样的变化。

【李迎春】2009年3月，工作组进驻中华保险时，公司治理结构比较乱，经营风险很大。在监管部门和股东的大力支持下，工作组当机立断，一面大刀阔斧清理违规的业务，狠抓结构调整，制止垃圾业务的大量流入；一面顶住压力，缩减开支，强调按章办事，加强公司内控管理。针对执行力差的弱点，中华保险还开展了职责明确的四级机构建设，总公司负责决策及合规管理等，省级公司只负责执行，基本建成了集中管控的现代化企业管理机制。

经过艰苦的努力，治理整顿逐步显现成效。2009年6月，在工作组进驻的第3个月后，公司“止血”工作开始显现成效。至2010年8月内控工作组撤出之时，公司已成功扭转了多年来持续巨额亏损的局面。2010年上半年，公司综合成本率96.7%，优于行业平均水平，期盼多年的盈利局面终于出现，公司经营情况得到了极大的改善。至此，中华保险经过了凤凰涅槃的煎熬，在浴火中获得了重生。

【赵健】工作组整改完成后，中华保险在全系统内提出了“二次创业三步走”的战略目标。当时，为什么提出这样一个战略目标？这个战略目标又是如何落地的？

【李迎春】2010年8月初，中华保险召开半年工作会议，宣布了内控工作组圆满完成历史使命，正式撤出公司。这标志着公司风险处置取得阶段性成果，公司经营开始步入正轨。这次会议还通报了公司股权重组取得重大进展的情况，并宣布了新一届董事会和经营班子的成立。这个时候，公司需要用新的战略来统一大家的行动，指明公司前进的方向。在这次会议上，作为新任董事长、总经理，我提出了“三步走”的发展战略，宣布中华保险进入了“二次创业”的新时期。

“三步走”战略目标的主要内容是：第一步，通过2011年到2013年三年的努力，使公司形成持续、稳定的盈利能力；第二步，再通过三年，即2014年至2016年的努力，彻底化解历史包袱，实现公司的健康运行；第三步，再通过四年，即2017年至2020年的奋斗，把公司建设成为一个“业外有影响、业内受尊重的创新型、多元化的保险集团公司”，步入行业先进行列。

中华保险诞生于兵团，起源于农险。在“二次创业”过程中，中华保险也一直秉承着新疆兵团屯垦戍边、艰苦创业的精神，坚持农业保险的特色发展。

在“二次创业三步走”战略目标的引领下，公司上下思想得到了空前统一，全体员工团结一心，以时不我待的紧迫感、奋发进取的责任感、强司兴司的使命感，积极投身到了“二次创业”的大潮之中。

“二次创业”需要特色发展的经营理念，中华保险把农险作为“二次创业”的特色业务来抓。中华保险的前身为新疆生产建设兵团农牧业生产保险公司，是财政部、农业部最早开展农险试点的单位。26年来，农险一直是中华保险重点发展的特色险种。目前，农险已成为中华保险仅次于车险的第二大业务。

中华保险在农险业务中尤其注重合规经营和风险管理，设置了三道防线：一是积极与政府合作得到一定的政策支持，二是提取足够的巨灾风险准备金，三是建立合理的再保方案。同时，几十年来开展农险业务所积累的经验和人才，也为公司稳健经营奠定了坚实的基础。

至今，中华保险开办的农险品种达到42个65种，开办区域覆盖了14个省区、111个地市、570个县区、3300多个镇、42000多个村，涉及2200万亩受灾耕地，惠及1000多万农户户次。

“十二五”时期，是我国农业保险发展的战略机遇期。我们将紧紧围绕公司“二次创业三步走”发展战略，以服务“三农”、履行社会责任为己任，改革管理体制，创新管理技术，科学管理风险，坚持合规运营，把握时代机遇，以政策补贴性农险的发展推动农村保险事业的跨越式发展。

在“二次创业”的过程中，中华保险逐步牢固树立了以客户为中心的服务理念。2011年，深入开展了“理赔服务年”活动。从服务措施、基础管理、队伍建设、理赔质量、监测指标等五个方面，对各级分支机构的理赔服务进行全面规范，促进了客户服务质量的明显提升。经过努力，公司报案结案率、报案结案周期达到了行业先进水平。

中国质量协会、全国用户委员会日前发布的保险行业2011年度客户满意度调查结果显示，中华保险满意度排名位列产险公司第三位。这与我们注重经营客户、提高客户满意度是分不开的。

今年，我们要以“中华保险，理赔不难”为主题，在全系统大力开展“客户服务年”活动，继续深入推进以客户为中心的新型服务体系建设。

今后“二次创业”的路还很长，我们要继续在发展农险业务、提升服务水平等方面下功夫。

【赵健】经历工作组的整改和“二次创业”的艰辛努力，三年来，中华保险发生了巨大变化，特别是2011年成绩喜人，主要经营指标已经接近、达到甚至超过了行业的先进水平。您认为这些变化背后的原因是什么？

【李迎春】三年来，中华保险各项经营指标都发生了积极可喜的变化。特别是2011年，公司实现审计后净利润27.69亿元，较2010年增加18.95亿元，综合成本率为89.88%，23家分公司全面实现盈利，呈现出公司历史上前所未有的良好局面。今年以来，公司整体经营情况继续向好，1—2月份，公司保费同比增长27.1%，综合成本率93.8%。公司主要经营指标达到行业平均水平，部分指标优于行业平均水平。

我认为，公司发生可喜变化的原因可以归纳为三点：

首先，三年来，公司上上下下确立了“效益为先”的经营理念。这个思想的确立，使公司员工在思想观念和行为模式上发生了巨大变化。

“效益为先”的意识已经深入人心，这对中华保险的整体转型和重组起到了至关重要的作用。今后，我们仍要牢记历史的惨痛教训，始终坚持效益为先，追求有质量的发展、有效益的规模。

其次，公司的管控能力得到了加强，集中管理取得了很大进步。通过这几年的战略转型和集中管理，中华保险改变了原来权力分散、内控薄弱的情况。公司夯实了基础，强化了执行力，深入推行了分公司管理，理顺了工作流程，风险管控能力已经有了质的提升和飞跃，不用再担心重蹈过去“做得越多，亏得越多”的覆辙。

最后，也是最重要的一点，是在“二次创业”进程中，我们一直坚持科学发展观，坚持以人为本。我们始终把人力资源作为公司的第一资源，要让每个员工能够快乐地工作。我们建立了良好的用人机制，让能干的人有发展的平台，让勤奋的人有稳定的工作；我们把培训作为公司给员工的最大福利，无论是公司内部举办的“英语角”活动，还是总部网络学院，都为员工创造了自我提升与学习的良好平台。

【赵健】中华保险正在“二次创业”的道路上稳步前进，您对公司的未来有何展望和期待？

【李迎春】中华保险未来的蓝图是美好的。只要我们按照现在的经营思路，不断改革创新，不断融入行业、服务大局，我相信“二次创业三步走”的战略目标就一定能实现。我的信心来源于社会大局的稳定，国民经济的持续发展，社会和老百姓对保险的认同以及监管机构不断加强监管。同时，我们必须扎扎实实做好本职工作，扎扎实实夯实基础管理，扎扎实实加强员工队伍培训。做到这几个“扎扎实实”，我认为，中华保险一定会实现美好的未来。

（《中国保险报》记者李画、高嵩采写）

以服务取胜，靠价值竞争

——对话中国人寿财产保险股份有限公司总裁刘健

在2012年2月中国保监会召开的综合治理车险理赔难工作会议上，中国人寿财产保险股份有限公司（以下简称“中国人寿财险”）因公开提出理赔服务“五个一承诺”而备受关注。7个多月过去了，“五个一承诺”兑现情况如何？

8月底至10月初，中国保险报业股份有限公司董事长赵健两次走访北京金融街，与中国人寿财险总裁刘健对话，从理赔服务情况聊到公司的服务体系建设，从财险市场价格战聊到行业自律的自觉意识。

刘健

中国人寿财产保险股份有限公司总裁

刘健先生，1953年生，高级经济师，中国保险学会常务理事。现任中国人寿保险（集团）公司副总裁、中国人寿财产保险股份有限公司党委书记、总裁。

从事保险工作超过30年，拥有丰富的保险经营管理经验，系保险资深专家。

2003—2007年，先后担任中国人保控股公司（现中国人民保险集团股份有限公司）副总经理、中国人民健康保险股份有限公司副董事长兼总裁。

2007年4月，担任中国人寿财产保险股份有限公司总裁，9月起担任中国人寿保险（集团）公司副总裁。

充分依托中国人寿的整体优势资源，积极创新财险经营模式，国寿财险成立第三年即实现经营盈利，成立第四年保费收入突破百亿元并实现承保盈利，目前公司市场份额稳居财产保险行业前五位。

2010年入选“新中国60年中国保险60人”，2011年获评“中国保险年度人物”。

【赵健】保险业是服务业，理赔难可以说是影响保险业声誉的老大难问题。今年2月，保监会召开综合治理车险理赔难的专题会议，您代表中国人寿财险当众做出了理赔服务“五个一承诺”，在引来一片掌声的同时，也让人心里有些嘀咕，说起来容易做起来难呐！目前的兑现情况您还满意吗?

【刘健】“五个一承诺”主要是针对车险理赔难问题提出的，内容分别是“电话一拨就通、赔款一天支付、全国一套标准、投诉一站解决、流程一路透明”。由于承诺的是要做五件具体的事，因此做起来目标明确，考核时也有标准。从目前的情况看，承诺兑现情况总体上是比较满意的。

用具体数字来说话吧。为了保证电话投诉平台全天候接通，公司采用了95519和4008695519两条路线，对全系统29家分公司电话中心接通情况拨测检查结果显示，客服电话一次性人工接通率为96.55%，在行业电话服务方面处于较高水平。此外，针对“双方赔付意见一致，索赔手续齐全，赔偿金额在3万元以下的普通案件，做到1个工作日内付款”的理赔承诺，截至2012年9月，车险赔付时长承诺达成率为95%。公司还制定了全国通赔案件服务标准；推进理赔集中管控，健全理赔案件分类差异化处理机制；并通过多种技术手段丰富服务功能，实现保险服务尤其是理赔处理流程全透明地展现在客户面前。

为了兑现“五个一承诺”，公司还特别明确了各级机构“一把手”负总责的加强和改进理赔服务质量领导机制，着力实施“五个度工程”：一是提高速度，优化服务流程；二是规范尺度，统一全国理赔服务标准；三是增强透明度，多渠道公开服务承诺；四是改善态度，强化服务品质监督；五是提升温度，进一步关心客户需求，倾听客户心声。为了这“五个一”和“五个度”，公司不仅投入了大量人力，也投入了大量财力。从今年公司发展的速度和效益来看，这种投入不仅是必需的，也是值得的。

【赵健】中国人寿财险在服务方面投入巨大，可不可以理解为，未来财产险市场的竞争主要依赖服务取胜？

【刘健】没错。2008年保监会70号文件《中国保监会关于进一步规范财产保险市场秩序工作方案》下发以后，财产保险市场秩序明显改善，各家财产险公司争取客户资源的主要手段之一就是依靠服务。对此，全行业已经达成高度共识，十分重视。

中国人寿财险也不例外，近几年公司着力打造三种能力：客户服务能力、风险管控能力、渠道销售能力。三力平衡，公司选择对客户服务能力投入优先。一方面，建设客户服务网络优先于建设分支机构网点。另一方面，充分依托中国人寿集团遍布全国的服务网络。在很多地区，机构网络还没有建起，客户服务网络却已建成，可谓是“兵马未动，粮草先行”。目前公司已有一支6906人的客户服务队伍，活跃在全国1386个服务网点，其中电话中心坐席623人，柜面服务人员3637人，查勘人员2646人。

当然，中国人寿财险的服务体系建设还处于初级阶段，无论是服务网络的覆盖面还是服务质量的满意度，与同业中的先进公司还有差距，我们当继续努力！

【赵健】中国人寿财险是成立刚满5年的一家新公司，却在保险市场后来居上，取得了非常抢眼的成绩，去年一举杀入财险市场前五位，今年上半年更是稳居市场第五不动摇。扎实的业绩，是否与中国人寿集团强大的资源优势密切相关？

【刘健】依托集团，应当说既是中国人寿财险的优势，也是中国人寿财险的战略。我们在销售组织管理方面的思路，就是依托集团资源起步，以互动先行，发展中介，培育直销。

依托中国人寿集团资源的优势是显而易见的。一方面，集团所辖寿险公司拥有一支70万人的营销大军，每个营销员都拥有丰富的客户资源，利用寿险渠道销售财险产品，客户拓展和维护的成本相对较低。另一方面，充分利用寿险基层网点优势，职场建设和管理费用等都可以节省下来。此外，中国人寿强大的品牌资源对一家新公司迅速提升市场认知度也非常关键。目前，中国人寿财险来自寿险渠道的业务占25%。2011年中国人寿寿代产保费收入42.46亿元，比2010年增长了64%，依托中国人寿集团的寿险主业发展产险，优势逐步显现。

正是由于依托集团优势和不走老路的经营创新，中国人寿财险近几年发展迅速，开业3年就实现了经营盈利。2011年保费164亿元，市场排名升至第五，今年也继续保持了较高的业务增速。目前已在全国设立33家分公司和206家中心支公司，新设机构产能潜力较大。未来中国人寿财险将积极发展新渠道，把电子和网络销售新兴渠道做大做强；此外，也会在风险可控的前提下积极拓展农险等尚未涉足的新业务领域。

【赵健】与受宏观经济影响寿险市场低迷不同，我国财产险市场今年仍保持了较快发展，总体上市场运行良好、盈利能力持续、风险有效防范、实力显著增强。但是，值得提醒的是，财险市场正在抬头的价格战有可能会破坏行业的可持续发展，这点从上半年财产险承保盈利有所下降就能得到证明。作为一家在市场上影响较大的保险公司的高管，您个人如何看待价格战？

【刘健】保险产品的价格战与其他商品价格战相比，并不直观可见，主要体现在保险公司保费获取成本加大，这也意味着费率降低，责任相对扩大。车险市场价格战主要依靠提升手续费。靠费用手段竞争导致的结果是，全行业保费的获取成本随之上涨，不仅影响到企业承保利润，更影响到市场秩序和行业声誉。

今年年初，行业监管部门提出全年保险工作12字方针，其中特别要求“严监管”，各地保监局纷纷加大了查处力度，不少地区提出严肃整顿市场秩序，这对各家公司都造成了不小的威慑力。好的市场秩序要靠大家共同维护。很显然，如果价格战得不到遏制，那么前几年财险市场所做的努力就有可能前功尽弃。而作为市场主体，保险公司更应严格自律，主动承担维护公平市场秩序的主要责任。在此，我呼吁同业共同警惕和防范财险市场的手续费抬头趋势，打价值战，不打价格战！要通过提升服务品质竞争客户、优化市场，巩固和保持财险市场这几年来之不易的良好局面。

（《中国保险报》记者李画采写）

为保险行业发展带来正能量

——对话华泰保险集团股份有限公司董事长王梓木

在党的十八大报告中，加快转变经济发展方式被反复提及。在保险行业，转变发展方式、促进科学发展也是监管部门及行业人士长期以来大力倡导的改革目标。但多年以来，保险行业的发展模式仍在“规模导向”与“效益导向”之间艰难地徘徊，这种现状值得行业深思。

华泰保险早在十多年前就在业内率先走上了追求质量效益之路。面对行业大多数公司在转变发展方式上的犹豫与反复，华泰保险“不走错路，少走弯路，坚决不走回头路”的坚持显得难能可贵。千帆过尽，曾经“另类”的“华泰模式”获得越来越多业内公司的认同。华泰保险已经成为一股健康力量，为保险行业的发展带来持续的正能量。

在党的十八大刚刚闭幕之际，《中国保险报》总编辑于华走访位于北京金融街的华泰保险集团总部，与华泰保险集团股份有限公司董事长兼CEO王梓木共话行业“转方式”大势下“先行军”华泰保险的发展之道。

王梓木

华泰保险集团股份有限公司董事长

王梓木先生，1953年生，管理学博士，现任华泰保险集团股份有限公司董事长兼首席执行官、中国保险学会副会长。

1978年毕业于吉林大学经济系，之后在黑龙江省委党校经济学教研室任教；1984年毕业于中央党校经济专业研究生班，获经济学硕士学位；1984年起在全国人大常委会办公厅研究室工作，历任副处长、处长；1991年调至国家经贸委综合司工作，历任处长、副司长，1995年起主持全司工作。

1996年，发起并组建华泰财产保险股份有限公司，被公司首届董事会推选为董事长，并连任六届至今；2005年，华泰资产管理公司和华泰人寿保险股份有限公司相继开业，兼任华泰人寿董事长；2011年，华泰保险集团股份有限公司成立，担任董事长兼首席执行官。

2008年获评“中国保险年度人物”。

【于华】今年以来，保险行业转变发展方式的呼声愈发高涨，作为行业内转型的先行者，您认为保险公司转变发展方式的关键在于什么？

【王梓木】首先要明确公司的战略目标及核心价值取向，明白自己到底想要什么，怎样实现。现代市场经济中，追求绩效是企业生存的根本。企业在没有盈利能力的情况下，盲目追求规模，就意味着亏损，而且规模越大，亏损越严重。这个道理很浅显，但并不是所有的保险企业都能想明白。在盲目竞争的市场环境中，不仅企业利益受损，行业整体效益下滑，也会导致未来的资本补充陷入困境。研究表明，在全国各个行业里，保险行业的盈利能力排位倒数第三。因此，保险行业已经到了非转型不可的时候。向哪里转？大公司要建立质量效益的价值取向，中小公司要建立细分市场的差异化竞争能力。值得庆幸的是，目前，转变发展方式已经成为业内共识，追求质量效益成为行业内大多数公司的目标，监管机构也希望保险公司能够保持适度盈利能力，否则保险业就难以实现可持续发展。

保险业的发展有其自身的规律和特点。我认为，稳健和审慎经营应该成为保险行业乃至金融行业的本质和特色。华泰成立之初的4年里，也走过粗放式发展的老路。2000年初，华泰通过专业化经营和集约化管理，利用3年时间完成了质量效益转型。追求质量效益已经成为华泰的特色与核心价值观。尽管华泰的发展模式曾被人称为“小富即安”，但实践证明，在盲目竞争的市场环境中，华泰的坚守是正确的，得到了监管部门和股东的认可。华泰保险成立的15年内没有增资扩股，每年保持盈利和分红，原始资本增加了4倍。“十一五”期间，尽管华泰财险保费收入仅占财险业同期规模的1%，但累计实现净利润占同期财险行业净利润总额的31%。这一结果并不说明华泰做得多么好，而是因为有相当多的公司经营亏损，导致行业整体利润不高。华泰的规模不大，但我希望华泰能够成为行业发展的一支健康力量，为行业的发展带来正能量。

我认为，保险公司转变发展方式，不仅应该受制于外部监管的要求，更应当依靠企业发展的内在驱动，解决这个问题的根本途径在于完善公司治理。追求公司长期价值的最大化，建立稳定的盈利模式，离不开好的公司治理。中国保险企业虽然大都称为“股份有限公司”，但存在不同的治理结构，利弊各异。国有保险公司规模大，历史久，但在公司治理的顶层设计上受政治影响较大，因人而异，新人新政，公司发展战略难以长久坚持；中外合资保险企业虽可取长补短，相得益彰，但在公司治理上两股独大，各占50%股份，容易出现相互掣肘，难于信任，效率低下；民营控股保险企业效率较高，但缺少制约机制，机会主义盛行，经营大起大落，领导者一旦决策错误，就会导致公司失败。以上三种公司治理结构都存在着缺陷或者“天花板”。股份制企业股权相对分散并均衡，更容易形成较为完善的公司治理，这要求管理者靠绩效而不是靠关系取胜，有利于实施公司的长远战略和实现长治久安。从历史的长河来看，公司间竞争或比拼的重点，不是发展战略，而是公司治理和公司文化。公司治理决定公司“走多远”、“活多久”；而公司文化则是公司的DNA，体现公司的执行力、创造力，决定公司“长多大”。

【于华】您酷爱滑雪，曾提出“弯道超越理论”，当企业遇到金融危机或行业转型期，就好比滑雪，有人慢下来了，但有核心竞争力的企业可以利用机遇加速发展，超越竞争对手。目前，我国保险行业尤其是寿险行业正处于转型期，华泰是否能实现“弯道超越”？

【王梓木】行业转变发展方式成为必然，同时也很艰难，需要下大力气。行业转型过程中会给做好准备的保险公司尤其是优质公司带来发展机会。在市场化的大趋势下，细分市场和专业化是最有效的取胜工具，差异化竞争将是各家保险公司努力的方向。作为一家专业化程度较高，且公司治理较为完善的企业，华泰的目标是“成为细分市场上的领导者”。细分市场包括产品、渠道、服务和品牌，由此避开行业竞争激烈的“红海”，寻找适合自己的“蓝海”。

如何到达客户，贴近客户，满足客户的发展需要，正在成为各家保险公司的目标战略。但是如何控制成本，渠道战略很重要。在渠道战略上，华泰希望成为EA渠道上的领跑者。2009年，华泰通过借鉴国外经验，在国内率先建立起适合中国市场的专属代理人模式，即EA模式。EA模式在有效处理各方面的利益关系、进行风险和成本管控方面更具优势，对现行营销员管理体制的改革也是一种有益尝试，而且符合华泰的质量效益型发展体系。经过专业化、系统化培训的华泰专属代理人，可以为客户提供多种类型的产品，增加客户的黏合度，有利于促进保险服务水平的提升。目前，华泰已经成立了500家EA门店，未来还计划做更多。

【于华】华泰财险的发展可以“小而精”，但如今走向集团化发展的华泰保险也需要寿险业务的强力支撑。几年前，您曾提出华泰保险集团“做好产险、做大寿险、做强资产管理”的战略框架。如今的情况如何？您对华泰人寿未来发展的方向是怎样规划的？

【王梓木】产险、寿险、资产管理是华泰集团发展的三驾马车。目前，华泰财险已经逐步形成自己的经营特色，承保利润超过了投资收益，保费增长速度优于行业平均水平；华泰资产管理是行业内市场化程度最高的先行者，托管的第三方资产占比达到78%，综合平均投资收益率在行业也一直处于领先水平；华泰的寿险业务由于起步较晚，相对来说，发展得不够快，但业务结构尚好。

我国寿险行业正面临大的转型，华泰人寿在大转型中，要“找准路，快起步，坚定不移走下去”。华泰人寿的发展将延续华泰一直以来稳健、特色化发展的方式，以质量、效益为经营导向。尽管寿险的细分市场没有产险那么明确，但我们仍希望华泰人寿能够走差异化竞争的道路，如在个险渠道改造和培养高素质营销员，关注中高端客户群体，在银保渠道开发客户真正需要的银保产品等。

目前，我国寿险公司对投资收益的依赖程度过大，在资本市场趋紧的情况下，行业暂时处于下行阶段。但我认为，中国寿险市场发展的机会还很多，华泰人寿属于“船小好调头”，可以在寿险市场转型的大趋势下，正确地把握机遇，加快发展，努力成为寿险第二集团军的领先者。

【于华】近年来，保险行业的快速发展使得各公司对资本金的需求越来越大，多家公司在谋划上市之路，华泰上市的进程和规划是怎样的？

【王梓木】保险公司上市既能够解决筹资问题，也能够促进企业规范经营，实现利润导向。我们希望华泰保险能够在较为成熟时上市，从而给资本市场和保险行业带来正能量。

日前，我们刚刚完成华泰成立以来的第一次增资扩股，这次增发是向原有股东的定向增发，得到了老股东的信任和支持，取得了很好的效果，这在当前资本市场环境下尤显难得。本次增资使华泰未来几年的资本需求有了保障。至于何时上市，还是要根据公司发展情况而定。未来，华泰在A股或H股上市都有可能。同时，由于华泰偿付能力情况较好，我们希望能够相对从容地等待资本市场的一个好的窗口机会，当前的首要任务仍是把自己的各项业务做好。

（《中国保险报》记者高嵩采写）

以服务促发展　构建高品质财险公司

——对话中国大地财产保险股份有限公司董事长欧伟

十年磨一剑。中国大地财产保险股份有限公司（以下简称“大地保险”）作为一家业务规模过百亿元的中型财险公司，秉承“构建高品质财险公司”的发展理念，在创业10周年之际特别提出“客户服务三年进入行业三甲”的奋斗目标。如何在行业进入低增长阶段实现公司新的发展目标？如何应对费率市场化所带来的激烈竞争？2013年5月下旬，中国保险报业股份有限公司董事长赵健与大地保险董事长欧伟就此进行了对话交流。

欧伟

中国大地财产保险股份有限公司董事长

欧伟先生，1958年生，研究生学历，高级经济师。现任中国大地财产保险股份有限公司党委书记、董事长。

1980年起任中国人民保险公司大连分公司国外业务部干部、经理助理，涉外业务部综合处副处长。

1995—2000年历任中国人民银行大连市中心支行外资金融机构管理处处长、副行长、党委委员。1996—1999年兼任国家外汇管理局大连分局副局长、党组成员。

2000年起，历任中国保监会沈阳办公室主任助理、党委委员，河南保监局副局长、党委副书记（主持工作）、局长、党委书记。

2009年10月起，历任中国财产再保险股份有限公司党委副书记、党委书记、副董事长、总经理。

2011年11月，任中国大地财产保险股份有限公司党委书记，2012年1月起任党委书记、董事长。

【赵健】随着当前产险市场竞争的不断加剧，服务已经越来越成为各家保险公司的核心竞争力之一。近日，大地保险出台《客户服务创三甲工作指导意见》，提出客户服务三年要进入行业三甲，还特别提出了“全生命周期客户服务”的理念，这对一家中型保险公司来说应该算是很高的目标。大地保险将如何实现？

【欧伟】2011年，大地保险确立了“构建高品质财险公司”的发展目标。在我看来，高品质公司首先要有高品质的服务，以高品质服务吸引客户、留住客户，从而建立稳定的客户资源，引领公司建立新时期的竞争优势。

正是基于高品质公司的基本定位，我们提出了“客户服务三年进入行业三甲”的目标，并以“全生命周期客户服务”理念为引导，跳出以往单纯理赔服务局限，建设面向潜在客户、在保客户、流失客户的，包括销售、承保、理赔、风险管理、咨询投诉和增值服务到续保的“全生命周期客户服务”，重视每一个与客户接触的环节，建立以“客户体验”为导向的服务模式。从发展历程看，我们始终高度重视客户服务体系建设，也取得了一定成绩。2012年，在25个地区保险监管部门或保险行业协会开展的共计71次服务质量测评活动中，大地保险各分公司有30次进入当地市场前三名。从现实情况看，我们也采取了一系列服务管理的有力措施。比如说我们从“客户体验”出发，对客户服务进行规划设计，开发服务产品，优化服务流程，拓展服务渠道，创新服务手段，与行业标杆进行全面“对标”，实现客户服务“人无我有、人有我优、人优我新”。

三年进入三甲这样一个服务的目标和定位，虽然一定程度突破了中小财险公司的常规，但这是大地保险健康发展的必由之路，我们必须坚定信心，通过持续的努力去实现。从大地保险的历史发展和现实情况看，我们有信心实现这个目标。

【赵健】现在，互联网销售已经成为行业热点，仅淘宝网2012年的保险销售额就已超过6亿元。今年2月，大地保险的淘宝网销直通车平台也正式上线运营。您怎么看互联网销售的前景？大地保险在销售渠道上还将有什么战略举措？

【欧伟】互联网销售是直销业务的有机组成部分。从国际成熟市场的经验来看，互联网销售顺应客户的消费习惯，具有快速增长的势头和广阔的发展前景，而且直销业务发展好的公司在未来市场上具有更强的竞争优势。从国内保险直销业务的现状来看，近年来，以电销和网销为主的直销业务迅速崛起，保费规模呈几何级数增长。我们预计，保险直销业务在未来10年内将步入快速发展阶段，保费占比或将达到总保费的15%—30%。另外一个值得关注的趋势是，互联网销售在产品和服务方面日趋多元化，销售模式也将日趋多样化。

现在大地保险的互联网销售还处在摸索阶段，一方面，要练好内功，夯实基础，加强对国际成熟经验的研究和同业先进经验的学习，缩小差距，探索经营规律；另一方面，也要积极创新，求新求变。

下一步，大地保险互联网销售的战略目标将主要围绕“新渠道销售平台和创新服务推动平台”而展开。一方面，通过互联网销售公司的保险产品，持续为公司创造有价值、有规模的保费贡献；另一方面，深度挖掘客户需求，通过整合服务资源，创新服务项目，丰富服务内容，从而为客户提供更加便利、优质的服务，提升客户满意度。

【赵健】在保险渠道发生变革的同时，我国车险费率改革也正在推进。前不久，保监会召开全国车险联席会议透露，车险费率改革的各项准备工作已陆续完成，即将进入实施阶段，这必将对车险市场带来不小的影响。对此，您怎么看待这项改革对行业的影响？大地保险将如何应对？

【欧伟】费率市场化改革是保险行业发展的必然趋势，也是解决我国保险市场一些基础性问题的重要途径，对提升保险服务质量、改善和提升行业形象具有积极而深远的影响。但由于商业车险制度改革是一项复杂的系统性工程，与国外发达市场比较，我们的行业还很年轻，我个人认为，当前我国实行完全费率市场化的条件尚不完全成熟，实施渐进式的改革更符合当前的国情，也更利于市场化目标的最终实现。

按照此次车险费率市场化改革预案，经营指标符合规定的公司基本可以实现自主定价，同业公司更多根据示范条款和纯损失率制定费率，同时费率还与公司历史综合成本率挂钩。由于公司本身资质不同，再加上改革方案的差别化规定，获得自主定价资格的公司将有更多的机会借助费率改革改善经营管理水平，实现业务规模扩张和业务质量改善，可能会进而导致优秀公司的优势进一步扩大、强者愈强市场格局的出现。同时，未获得自主定价资格的公司，必然会加强经营管理，提升公司的竞争力，潜移默化中使行业整体素质提高。

大地保险高度重视车险费率改革工作，一是抽调承保、理赔、精算、IT骨干人员组成工作组，负责产品设计、费率厘定、流程规划、系统设计工作；二是积极参与，各部门主要负责人、骨干人员参加行业车险费率改革各项工作，出谋划策，及时了解、跟进改革工作动向；三是依托公司各项改革工作，从销售、产品、服务、运营等方面全面提升公司车险经营管理水平和创新能力，在车险费率改革过程中保持先进性和竞争力。

【赵健】据了解，为了应对行业变革，大地保险在推出各项措施提升服务水平的同时，从去年开始还针对分支机构实施一系列的专项工程，比如“龙翔工程”、“龙腾工程”等等。现在实施效果怎样？

【欧伟】我们在制定“十二五”规划时，深入分析了分支机构经营状况以及行业经营情况，对大地保险的优劣势、机遇与挑战进行了剖析。其中，我们注意到，从行业上看，产险市场容量最大的前40个直辖市、计划单列市及地级市以上的地区，保费规模占行业总保费的一半左右，保费的聚集度很高。另一方面，公司分支机构的数量，尤其是四级机构的数量，在行业内有一定的优势，但我们的优势还没有充分发挥出来。

因此，在“十二五”规划中，公司提出了区域差异化的发展战略，明确了公司区域发展战略是要“两手抓”，即一手抓中心城市机构的发展，一手抓现有机构产能的提升。“龙翔工程”、“龙腾工程”正是为落实公司区域发展战略推出的专项工程。实施“龙翔工程”，目的在于促进公司中心城市机构较快发展。通过明确中心城市机构的发展定位，适当差异化资源投入和考核跟进，进一步发挥了中心城市机构发展的主观能动性。实施“龙腾工程”，目的在于提升公司数量最多的四级机构的产能。通过制定标准化的管理指引，开展销售团队达标验收活动，组织四级机构销售团队现场交流学习等，促进四级机构管理标准化、规范化，强化四级机构执行力，提升四级机构的销售能力。

经过一年的实施，两个专项工程均取得了初步的效果，中心城市机构合计增速超过公司整体增速2.6个百分点，四级机构平均年产能增速超过公司整体增速2.2个百分点。公司将继续总结两项工程取得的经验，持续推进这项工作，以确保“十二五”规划得到落实。

【赵健】去年，大地保险签约成为中国男子篮球职业联赛（CBA）的官方合作伙伴，品牌形象得到显著提升，可以说是一次非常成功的品牌营销。我们知道，品牌建设也是保险文化建设很重要的一部分，大地保险下一步还有哪些构想？

【欧伟】2012年，大地保险成为CBA的官方合作伙伴，通过持续的赛事活动，提升公司公众关注度，也拉近了与客户的距离，试水体育品牌营销取得了很好的效果。其实，大地保险赞助CBA还是想尽一份企业的社会责任。我认为，CBA是国内职业化发展最好的联赛，一家高品质的企业，应该勇于承担社会责任，为社会带来价值。

对于品牌建设，我觉得关键在“品”字，它包括了企业的品德、品行、品位和品牌，四个方面有机统一，只有做具有“高尚的品德、良好的品行、特色的品位、优秀的品牌”的公司，才能推动公司品牌价值持续增长。品牌是企业良好的对外形象，但品牌不能作秀，必须练内功、接地气，换句话说，就是要以客户需求为导向，把品牌有效嵌入公司客户服务、业务发展、经营管理之中。

今年是大地保险成立10周年。公司高层已经研究决定，响应中央勤俭节约的号召，不搞周年庆典活动，把有限的钱省下来做点公益事业。前不久，中再集团向芦山地震灾区捐款700万元，其中大地保险捐款200万元。另外，我们还将沿用赞助CBA的思路，开展“体育+公益”活动，目前正在考虑联合中国青少年发展基金会建立“大地保险希望工程快乐体育基金”，通过持续投入帮助农村学校改善体育设施，让贫困地区的孩子们享受到体育的快乐，从而拥有完整的童年，同时也提升推广大地保险品牌和公益形象。

（《中国保险报》记者李晓波采写）

开启二次创业　跨越百亿台阶

——对话天安财产保险股份有限公司董事长洪波

从头顶第四家全国性保险公司的光环，到经历股东更迭；从业绩亏损，到2012年引入民营资本股东优化重组迈入新征程。成立19年的天安财产保险股份有限公司（以下简称“天安财险”）历经财产险行业的大发展时期，却走过一条与行业发展迥异的曲折之路。2012年，整装再出发的天安财险打出了“新天安、新征程”二次创业口号。而2012年创历史新高的业绩，也让二次创业的第一步走得尤为坚实。

2013年7月10日，《中国保险报》总编辑于华与天安财险董事长洪波在北京金融街进行了倾谈，共话这家老牌保险公司的新发展。

洪波

天安财产保险股份有限公司董事长

洪波先生，1970年8月生，博士。现任天安财产保险股份有限公司董事长，中国保险学会常务理事，上海金融学会理事。

1995年3月至1998年1月，任上海交通大学动力与能源工程学院讲师。1998年3月至2000年5月，历任中信证券投资银行部高级经理、总经理助理。2000年6月至2001年12月，历任中信证券网上交易中心副总经理、总经理。2002年1月至2012年12月，任中信证券经纪业务总部副总经理。2003年1月至2010年4月，历任中信控股公司战略规划与业务发展部副总经理、总经理。

2010年10月至2012年11月，任天安保险股份有限公司执行董事、总裁。2012年12月至今，任天安财产保险股份有限公司执行董事、董事长。

【于华】去年，天安财险提出了“新天安、新征程”的五年发展战略，提出这一战略的背景是什么，五年战略的具体内容是什么？

【洪波】天安保险成立于1994年10月，是国内首家股份制保险企业和第四家财产保险公司，总部设在上海浦东，注册资本56.48亿元人民币，2012年8月15日经中国保监会批准更名为天安财产保险股份有限公司。经过19年的发展，公司现有1115家机构，其中包括32家分公司、255家三级机构、828家四级机构，经营区域覆盖除香港、澳门、台湾、西藏、内蒙古、青海及宁夏外的全国行政区域。全辖有一万三千多名员工和近万人的营销员队伍。

回顾天安财险的发展历史，大致可分为四个阶段：1995—2006年是全国化建设期；2007—2009年是巨额亏损期；2010—2011年是股权调整期；2012年起，天安财险进入调整转型期。

在2007—2011年的五年间，公司在治理结构、战略选择方面出现了偏差，人才流失，经营业绩下滑，行业排名也从最初的第4位下滑至第9位，错失了产险行业发展的黄金期。因此，2012年公司新一届董事会和经营班子在承接公司经营任务的一刻，不仅承担了沉重的历史包袱，也肩负着再造辉煌的使命，更承载了万千名天安人的希望。

2012年下半年开始，产险市场风云变幻，行业进入调整周期，行业形势恶化，盈利空间不断缩小，主体两极分化日趋严重。从保监会通报的今年5月份的行业情况来看，在63家产险公司中，人保、太保、平安等保险主体通过资本、人才、系统、管理、客户等优势，市场份额达65%。前15强主体的市场份额达91%，剩余48家小公司争夺不足10%的市场份额，小公司全部处于承保亏损状态或临近亏损边缘。因此，多数中小公司面临着业务增长乏力、资源匮乏以及人员流动频繁等问题，生存环境艰难。在此大环境下，天安财险作为一家已经实现全国化发展，具备综合经营能力，有一定市场和客户基础的中型保险公司，其转型任务更为艰巨。

公司董事会反复研究，通过与国外市场比较、综合研判，认为今后中型保险公司生存和发展必须具备以下各项条件，即具有一流的经营管理人才，具有突出的效率、流程和风险控制、以IT为核心的管理平台，具有精细化的、市场细分的、有精准管理工具的、突出服务的车险管理能力，具有大数据时代下的新商业模式，具有大资产时代下的金融化、资产化和投资化功能。为此，董事会提出了“新天安、新征程”的二次创业口号，要求公司从治理结构、战略思路、人才体系建设、系统能力建设、专业化经营管理等各方面全面转型，积聚能量、谋求突破。经营班子根据董事会要求提出了符合天安实际的近期经营思路和中期发展思路。近期思路是在2—3年内“求生存，快转型”，其重点是：加快非车险业务和创新业务发展，提高专业化水平，培育利润增长点；顺应商业险改革，全面精细化管理，努力保持盈亏平衡；严控管理成本，提高费用投放的精准性；提升管理水平，各项核心指标接近行业优秀公司水平。中期发展思路是通过3—5年的“科技引领、专业经营”，实现公司从传统综合经营向专业特色经营、从规模发展向价值发展的彻底转型，其核心是：实现IT技术支持下的集约化、精细化管理；建立目标市场细分的业务选择能力和渠道创新能力；从“产品驱动”的经营模式向“客户和渠道驱动”的经营模式转型。

未来的天安将成为以传统产险业务为基础、以资产管理能力为核心优势，具有市场竞争能力、创新能力和客户服务能力的重要财险公司，并在条件成熟时逐步启动集团化建设工作和上市工作。

【于华】2012年，天安财险业绩创历史高点，取得这一业绩背后的原因是什么？2013年，天安财险的发展目标是怎样的？

【洪波】2012年是天安财险五年规划的起始之年，也是打基础的一年。在监管部门的正确指导和股东们的大力支持下，天安财险重新梳理发展战略，推出“治理结构、专业经营、能力建设”三管齐下的治司兴司策略。一是公司完善法人治理结构。去年，天安财险调整了董监事会、经营管理团队。通过股东增资增加资本金至56.5亿元，偿付能力提升至250%，为业务发展奠定了坚实基础。二是坚持“稳增长、调结构、重服务、强管理、增效益”的经营方针，实行分险种专业化经营，着力改善业务品质，强化理赔服务能力建设，为业务结构改善和经营扭亏创造了良好条件。三是提速核心能力建设工作，抓住监管政策机遇，积极借鉴同业先进经验，快速启动电销建设、新一代核心系统建设和投资能力建设，为公司后期经营提升筑造坚实平台。

2012年的经营业绩证明，我们的努力已初见成效，公司经营实现“止跌—企稳—回升”，保费收入过81亿元，盈利近5亿元，均创历史新高。公司经营状况有明显改善，管理转型初见成效，多项重大改革工作取得了突破性进展。

天安财险的转变也得到了监管部门、广大客户的认可和支持，公司成为入围“2012年中国500最具价值品牌排行榜”的7家保险公司之一，同时在2012年中国质量协会发布的保险行业客户满意度调查结果中，位列财产险行业的第一名。可以说，通过公司全员的不懈努力，天安财险已走出经营低谷，走上健康发展之路，2012年经营转型战役首战告捷。

2013年，公司将顺势而为，发展目标是：保费确保90亿元，力争100亿元，超越行业平均增长水平；非车险超常规发展，占比提高到15%；车险内部结构进一步优化；抓承保、降赔付、精管理，管理成本降1个百分点，事故制赔付率下降3个百分点，全面降低综合成本率；确保整体盈利，实现利润5亿元以上，力争承保盈利，投资收益率争取达到6%，领先行业水平；确保合规底线及监管评级晋级，无重大经营风险。

截至今年5月份，天安财险已经实现保费41.4亿元，同比增幅达23.6%，利润2.7亿元，总资产达131亿元，偿付能力充足率超过210%。我们预计上半年保费将突破50亿元，这为全年达成百亿元目标奠定了良好基础。同时，天安财险对标先进同业的策略、技术、管理等，在包括新系统建设、电子商务建设、销售渠道改革、理赔垂直管理、人力资源建设在内的年度重点工作上均稳步推进。天安财险的发展能力、市场份额、业务品质、服务能力等多个竞争力指标都有较明显提高，厦门公交案彰显了天安财险的社会责任，赢得了市场和监管部门的肯定，更重要的是更加树立了天安人对今后发展的信心。

【于华】由于此前几年的业绩亏损，曾有媒体报道称天安财险有40亿元左右的历史亏损包袱，确实是这样吗？您如何看待这些历史问题，计划怎样解决？

【洪波】媒体报道的有40亿元左右的历史亏损包袱，这个信息不实。的确，公司在2007年、2008年和2009年这三年，由于法人治理不完善，经营层经营管理不善，加上自然灾害、会计准则调整等因素，累计亏损20多亿元，偿付能力严重不足，因此受到了监管部门的处罚。我想这是老天安的问题，有客观的也有主观的因素，公司的老股东们因此也付出了很大的代价。但公司的底子还在，公司最宝贵的资源——员工队伍和网络渠道还在。公司的股东们，包括新加入的股东们看到了行业的希望，看到了公司宝贵的资源，因此通过股权重组、增资扩股、加强经营管理等各种手段获得持续盈利，逐步在消化这些历史亏损包袱。

【于华】去年，天安财险进行了重组，引入民营资本股东，加之此前的国有企业股东，天安财险的公司治理结构更加完善。这样的股东背景带来了哪些新的机遇和优势？

【洪波】我认为目前天安财险的主要优势之一是股东的优势。我们的股东中既包括中国中信集团、中国通用集团等央企，也包括中江股份、上海陆家嘴、上海外高桥、百联集团等地方大型国有企业，还包括西水股份等上市公司及湖北聚龙、上海银炬等民营企业。这些股东中不少有金融背景，像中信、中江等。

从2012年开始，股东们进一步加大了对公司的支持和帮助。这不仅体现在资本金的投入上，更体现在保险业务及资金运用项目的加强合作上。天安财险还专门成立了股东业务开发小组，负责推进与股东开展各项业务合作。当然，公司也特别关注关联交易行为，任何一项业务合作涉及关联交易需要审批和披露的，都严格按照相关法律、法规进行操作。我想，天安财险如果能充分利用好股东的资源和优势，“新天安”就成功了一半。

【于华】天安财险的五年战略发展计划中，提到了要建立保险资产管理公司、着力推进集团化及上市等。目前，这些工作准备情况如何，可有时间表？

【洪波】应该说申请建立保险资产管理公司的各项条件我们基本都满足了，公司正在推进向保监会申报建立保险资产管理公司的工作。

上市和集团化都是公司五年发展战略中的重要工作，是全体股东和全体员工的共同夙愿。按照目前资本市场的要求，尤其是在IPO上市条件上起码要有连续三年盈利，目前天安财险还没有满足这些要求。我们争取2012年、2013年、2014年连续三年盈利，且保持后续持续稳定的盈利，为推进上市创造良好基本条件。目前集团化的各项条件还不具备，一旦条件成熟，我们将会逐步启动该项工作。

（《中国保险报》记者高嵩采写）

做“电力行业保险专家、保险行业电力专家”

——对话英大泰和财产保险股份有限公司董事长肖其之

英大泰和财产保险股份有限公司（以下简称“英大财险”）作为电力系保险公司，依托国家电网的资源优势，近几年异军突起，从2009年第一个完整经营年度开始，保费收入年均增速达到97.7%，无论是保费增速还是盈利周期，业绩均优于其他财产险公司。

2013年6月中旬，中国保险报业股份有限公司董事长赵健与英大财险董事长肖其之在北京英大国际大厦会面。谈及“立足电力、专业服务”的特色发展之路，肖其之激情四溢，如数家珍。

肖其之

英大泰和财产保险股份有限公司董事长

肖其之先生，1955年生，中南财经大学工业会计专业毕业，北京大学工商管理硕士，高级会计师。现任英大泰和财产保险股份有限公司董事长、党组书记。

1972—1978年为湖南省双峰县知青，1980年进入电力系统，历任衡阳电厂财务科科长，耒阳电厂总会计师、厂长，华中电力集团财务公司副总经理、总经理，中国电力信托投资有限公司副总经理（党组成员），中国电力财务有限公司副总经理（党组成员）。

2005年任国家电网财产保险公司筹备组组长，2008年至今任英大泰和财产保险股份有限公司董事长、党组书记。

【赵健】今年前5个月，英大财险实现保费收入40.77亿元，同比增长38.8%，在财产险市场中异军突起。在保险行业增长趋缓的环境下，英大财险何以仍能实现业务发展迅猛，并保持较好的盈利能力？

【肖其之】坚持走专业化特色发展道路，是英大财险成立近5年来获得快速稳健发展的主要原因。公司在筹建时期，我们反复调研认为，一家新公司在市场、技术、人才、品牌等各方面均无法与大公司和成熟公司相比，要在竞争激烈的市场中站稳脚跟，就必须找到自己的先天资源优势，走专业化发展道路。

对于英大财险来说，其禀赋资源十分丰富。大股东国家电网公司资产超过2.3万亿元，为88%国土面积的超过11亿人口提供服务。电网盘子大，所面临风险种类多，涉及的保险需求量大。除了电网企业企财险、工程险、责任险外，电网系统职工也是英大财险的潜在客户。英大财险牢牢抓住电力行业的禀赋资源优势，提出了将公司打造成“电力行业保险专家、保险行业电力专家”的品牌战略目标。近5年来，通过英大财险的服务和宣传，电网系统对保险的认识不断加深，保险保障意识不断增强，保费规模几乎翻了一倍。经过不断的探索和实践，公司在业内也初步树立了专业化发展的品牌形象。

在专业化发展的同时，公司也稳步推进市场化发展战略，在业务拓展方面形成了电网业务向职工业务、上下游业务、电源业务等外围拓展的“同心圆”模式。在推进市场化发展战略过程中，我们一直坚持“效益优先、兼顾规模”的经营理念，强调依法合规经营，取得了较好的效果。今年1—5月，英大财险的市场业务保费收入为20.76亿元，同比增长123.7%，市场业务超过了电网业务，市场化战略初见成效。

【赵健】保费的强劲增长代表了良好的发展态势。除了保持较快的发展速度外，英大财险在专业化方面进行了哪些探索和尝试，以实现“电力行业保险专家、保险行业电力专家”的战略目标？

【肖其之】专业化并非只是一句口号，而是为了解决实际问题摸索出来的。2009年初，英大财险以统括保单的形式承接了国家电网财产险业务，资产涉及26个省市，当年就实现电网业务保费收入5.91亿元，但筹建期间曾研究过的问题也逐渐浮现出来。

比如说，公司开业时使用的是行业通用的综合险产品，责任险是附加险。但财产险和责任险的风险规律完全不同，财产险主要承保自然灾害，而责任险则主要承保人为风险。将责任险作为附加险的结果是，责任险出现巨大亏损。再如，保险业虽然多年参与电网资产承保，但一直缺乏对电网资产的详细了解，对电网资产的危险单位风险划分也不够精细。

针对上述种种问题，为了提供更加优质的专业化服务，公司科学厘定了电网纯风险损失率，被中国保险行业协会确定为行业标准。根据电网风险管理特点，将责任险和财产险分开，突出责任保险，自主开发了5款电网专属产品，创新开发了公用事业企业系列保险产品、新能源汽车保险产品和太阳能光伏组件保证保险产品，填补了行业空白。

在承保方面，英大财险开创性地将电网资产划分为线类和站类两类，在充分收集资料的基础上开展危险单位划分。在客户服务方面，加强客户服务机构建设及人员配备，积极开展防灾防损，加强家电维修商招标管理，一次性承担了26个省市的电网财产保险客户服务任务。再保险方面，依托专业技术优势，英大财险成为2008年雪灾以来电网业务唯一获得国际再保大规模支持的行业主体。2011年，公司成功加入了中国核保险共同体，成为第23家成员单位。

【赵健】开发电网专属保险产品，厘定电网纯风险损失率，这种专业化创新意识，与您当过电厂厂长和财务公司老总的经验是分不开的。据了解，90%以上的电网资源暴露于自然灾害风险之下，英大财险成立较晚，避开了2008年初的雨雪冰冻灾害和“5·12”汶川大地震，但在本次芦山地震中是赔款最多的公司。具体损失数据是多大，赔款多少？电力系保险公司应如何去应对、预防巨灾风险？

【肖其之】本次芦山地震主要造成变电站、水电站、配电线路、生产办公用建筑受损。受地震摇摆影响，变电站主变设备出现漏油、移位、变形等不同程度的损害，房屋建筑在地震中出现了坍塌、开裂、基础受损等情况。水电站主要为水工建筑及一次设备损失。配网损失主要包括配变台架倾斜、杆塔倾斜以及折断等。在震后一周内，报损金额已经突破了1亿元，最后定损赔款金额正在查勘统计过程之中。

芦山地震发生之后，公司第一时间启动了应急响应和应急预案，公司在地震发生当日就向四川省电力公司先期预付灾害赔款1000万元，查勘理赔小组当日晚就抵达了震中芦山县城开展工作。公司先后从全国各地调集40余名经验丰富的理赔服务人员参与查勘理赔工作，我本人也到芦山县和公司查勘队伍一道进行了实地查勘。

巨灾风险是财产保险公司尤其是电力系保险公司永远无法回避的重大风险和重大课题。在一次又一次应对冰雪、地震、水灾、台风等灾害过程中，保险公司的专业技术、风险管控和再保支持逐步提升。针对地震等重大自然灾害，英大财险购买了足额地震超赔保障，对其他各类巨灾风险，也购买了相应的超赔保障。不仅如此，英大财险依托自身电力技术背景优势及翔实的系统信息数据支持，赢得了国际再保人的信任与支持，成为全球唯一一家将电网站类资产写入比例合同的保险公司，并实现了电网线类资产和供电责任险等高风险业务比例分出，有效降低了经营风险。

此外，英大财险精确分析承保资产所面临的风险情况，对不同风险情况给承保资产可能产生的影响进行科学判断，合理制定差异化的承保方案，有效控制风险累积；并通过为客户制定《资产风险评估报告》、《防灾防损建议书》，通过组织安全生产客户培训等方式，对资产潜在风险进行讲解、排查与防范，帮助客户提升风险管理能力。

（《中国保险报》记者李画采写）

借鉴国际经验　实现转型发展

——对话大众保险股份有限公司董事长张兴

“创造大众的信心与价值，造福于大众富裕与安宁，建设具社会领先的金融保险服务商”，这是大众保险股份有限公司（以下简称“大众保险”）的发展愿景。作为一家上海本土的中小型保险公司，大众保险却在2011年吸引了“保险教父”莫里斯·格林伯格（Maurice Greenberg）的青睐，与其执掌的史带国际在全球展开全面战略合作。

世界保险巨头的引入，将会给大众保险带来怎样的改变？上海正在推进的两个中心建设，又将为大众保险带来哪些发展机遇？2013年7月中旬，《中国保险报》总编辑于华对话大众保险董事长张兴，就以上话题进行了交流。

张兴

大众保险股份有限公司董事长

张兴先生，1963年9月生，金融学博士，高级经济师。现任大众保险股份有限公司党委书记、董事长。

1985年参加工作，历任中国人民银行上海市分行外资金融机构管理处副科长、科长、副处长，银行一处副处长、正处级金融监管员；中国保监会上海监管办办公室主任（综合处处长），中国保监会国际部副主任，上海保监局党委委员、局长助理、副局长，江西保监局党委书记、局长；复旦大学、交通大学、上海财经大学、江西财经大学兼职教授，中国保险学会常务理事，中共江西省委第十三届党代会代表。

2011年11月任大众保险股份有限公司党委书记、董事长（2012年5—12月应格林伯格先生提议、董事会通过，兼任总经理）。

【于华】大众保险与史带国际可谓渊源颇深，从发起设立，到引入战略投资者，都与史带国际这家世界保险巨头有关。史带国际投资入股后，给大众保险又带来了什么？

【张兴】史带国际成立于1950年，现任集团董事长兼首席执行官莫里斯·格林伯格在国际上被誉为“保险教父”，曾在美国国际集团（AIG）任董事长和CEO，并在AIG掌舵38年，成功地将AIG打造为世界第一的保险集团。众所周知，格林伯格始终钟情于中国保险业的发展，与上海有着特殊的情结。他首先在上海设立独资的友邦保险公司，打开了中国保险业对外开放的大门，引入了寿险营销员制度，为促进中国和上海寿险业的发展作出了巨大贡献。

大众保险成立于1995年1月，是全国第六家股份制保险公司，也是上海17家市属金融企业之一。为了积极推进大众保险创新驱动、转型发展，更好地学习、借鉴国际保险业的成熟经验，加快市属金融机构转型建设，尽快实现公司跨越式发展，2011年7月11日，在中国保监会和上海市委、市政府的大力支持下，大众保险与美国史带国际签署全面战略合作协议。从这个意义上说，引进境外战略投资者既是公司增强资本实力的客观需要，也是上海市政府推进地方金融国资国企开放性、市场化重组的创新要求，更是大众保险实现创新驱动、转型发展的内在选择。

引进战略投资者后，从资本实力上看，公司的资本实力进一步增强，注册资本从11.46亿元人民币提升至14.32亿元人民币，资本充足率进一步提高，业务拓展能力进一步增强。从管理模式上看，史带国际入股后，公司总部实施了过渡期组织架构及运营管理方式，以整合优化后援管理部门、建立“利润中心”矩阵式管理模式为手段，改革现有的运营方式。从创新转型上看，我们以提升客户服务为重点，以改善客户体验为要求，以产品创新为载体，积极探索差异化发展新路。2012年，公司先后推出航班延误险无纸化理赔方案、见义勇为保障计划等，不仅获得良好的社会反响，也取得较好的经营效果。从国际合作上看，史带国际入股后，不仅给大众保险带来国际销售、技术及服务网络等方面的经验，而且在国际先进产品、管理技术上提供支持，有助于公司更好地发挥自身优势，进一步提升公司销售、管控、执行和服务等各项能力。

【于华】在大众保险官方网站的公司治理栏目中，特别提到了公司的三大优势，其中就有区位优势。确实，作为一家总部位于上海，股东又以上海国有企业为主的财险公司，当前上海正在加速推进两个中心建设，可以说为大众保险带来了重大发展机遇。您如何看待这种本土优势，大众保险又将如何利用这一优势？

【张兴】上海是我们区位优势的立足点。大众保险的定位，就是要立足上海、面向华东、辐射全国，通过完善公司的机构布局，逐步使我们的机构延伸到中国经济最富活力、财富聚焦度最高的市场中，使大众保险成为名副其实的全国性公司。

立足上海，就是要按照“创新驱动，转型发展”的要求，积极融入上海国际金融中心、国际航运中心建设的大局，把握和利用好本土资源，发挥好股东优势，推进公司实现新发展，再创新辉煌。简而言之，就是融入大局、先行先试、深化合作、创新变革、转型发展。

融入大局，就是要结合上海国际金融中心、国际航运中心建设战略的总体部署，积极融入上海金融改革发展的大局，参与上海重大项目建设，注重发挥保险企业的独特作用，积极参与和支持上海社会经济管理。

先行先试，就是要努力在参与上海国际金融中心建设中，在某些领域的产品研究、市场拓展等方面，尤其是在责任险、商业险产品及费率等方面，争取先行先试资格。

深化合作，就是要不断深化和拓展各种金融业态之间的合作。上海金融机构众多，要素市场比较齐全，先进制造业、现代服务业种类齐全，我们在发挥和利用好股东资源的同时，要充分利用好社会经济资源，探索与金融机构、各类企业合作共赢的新路。

创新变革，就是要敢于和善于深化产品创新、管理创新、机制创新，加快业务结构调整步伐，着力提升核心竞争能力。

转型发展，就是要大力加快转型步伐。当前，上海正进入转型发展的关键时期，这既对上海保险业发展提出了严峻要求，亦为上海保险业转型发展提供了难得机遇。我们将顺应发展趋势，乘势而为，大胆革新，加快转型步伐，实现转型发展。

【于华】随着产险市场尤其是车险市场竞争的日趋激烈，非车险领域已经成为各家财险公司关注的重点。大众保险成立以来，先后共保或承保了上海世博会财产保险项目、上海中心大厦等许多颇具影响的国家重点项目和大型市政、能源类项目。请问您怎样看待当前非车险市场？大众保险对非车险市场有着怎样的战略考虑？

【张兴】非车险市场的竞争其实一直都很激烈。财产保险公司一直有一个说法："规模靠车险，盈利靠非车险。"近年来，随着电销对传统车险销售模式的冲击，且由于车险的同质化程度较高，受服务网点、经营成本、品牌效应、资本实力等因素的制约，中小保险公司与大型保险公司同台竞争日益艰难。结构转型、创新发展、差异化经营对中小保险公司具有特别重要的意义。中小保险公司更需要关注非车险的发展。

大众保险将非车险业务工作的重点放在了创新上：一是产品创新。借鉴国际经验，公司在产品创新方面做了很多尝试，比如：针对中小企业设计了综合产品，以及根据各地市场特点，设计针对性较强的特色组合产品等。

二是服务创新。保险业作为服务业的重要部分，其核心价值就是服务，而保险公司最核心的服务就是理赔。如何简化理赔程序和提高客户满意度，一直是大众保险理赔服务最关心的两个问题。公司不久前推出的出国人身意外险产品和境外医疗保险直付服务在国内还不多见。

三是管理创新。中小型保险公司由于规模限制，很难形成规模效应。为了降低管理费用率，大众保险调整组织框架，根据不同产品成立利润中心，使总公司管理人员接触市场，减少沟通环节，提高工作效率，降低运营成本。

四是渠道创新。随着网络购物的不断发展，大众保险有些产品利用网络进行推广。如个人意外保险、旅游保险、家财险、家政人员保险等已经通过网络进行销售。同时，公司也在研究如何将企财险、雇主责任险等存在市场需求的传统险种通过网络销售。此外，公司在保险经纪公司、专业保险代理公司等传统的中介渠道和再保市场加大了拓展力度。

【于华】当前，随着保监会对险资投资渠道的逐步放开，险企的投资能力已经成为一项重要的经营指标。作为一家中小型产险公司，大众保险怎样看待目前的投资新政，未来在这方面有什么计划？

【张兴】中国保监会主席项俊波履新后加大改革力度、加快改革步伐，从改善行业形象到拓宽保险投资，各项新政厚积薄发逐渐浮出水面。在金融改革的大背景下，以市场化的保险投资变革为核心，保监会先后下发了13项旨在“松绑”保险资金的新政草案，业内外对保险创新充满了期待。

投资渠道的放宽和规范，不仅有利于大幅提升保险资金的投资收益率，而且有利于打破保险资金投资范围体内循环的封闭现状，实现与银行、证券、信托的对接。大众保险积极领会新政精神，紧密结合公司实际，选择适合公司的投资方式，积极拓宽公司投资渠道。以委托投资的管理方式，实施稳健的金融产品投资。制定金融产品投资管理办法和运作机制，投资于境内依法发行的商业银行理财产品、银行业金融机构信贷资产支持证券、信托公司集合资金信托计划、证券公司专项资产管理计划、保险资产管理公司基础设施投资计划、不动产投资计划和项目资产支持计划等金融产品。拓宽公司投资渠道，提升公司投资资产管理质量，提升投资收益率。

【于华】2012年是大众保险二次创业、再创辉煌的开局之年。二次创业必然会带来大众保险的新一轮发展。现在二次创业已经进入第二年，能不能简要介绍一下公司推进的情况？

【张兴】所谓“二次创业”，就是按照公司的战略规划，完善全国网络布局，增强创新能力，实现业务结构的调整转型，形成差异化核心竞争能力，将公司打造成为一家服务领先、技术超群、品质卓越的专业财产保险公司。

一是逐步完善网络布局，增强业务辐射能力和综合服务能力。今年，我们计划在广州、深圳、重庆等地设立分公司。目前，各项准备工作正在有序进行。但我们不会选择传统的铺摊子、上规模的发展模式，而是有选择地逐步完善分支机构的布局，分散经营风险，转变发展方式，提高服务水平，寻求新的增长点。

二是推进多元化渠道建设。2012年10月30日，大众保险的全资子公司——大众保险销售服务（上海）有限公司正式开业。一年来，我们成立专属销售公司、开展中介路演活动、加强中介渠道合作等，都是转变发展方式、创新营销模式的新举措。

三是加快业务转型。公司的车险业务始终占比较高，占全部业务量的75%左右。我们充分发挥史带国际在责任险、建工险、意健险、商业险等方面的成功经验和国际再保能力，在积极推动健康险业务发展的同时，调整业务结构。

四是加强产品创新，增强新业务拓展能力。2012年以来，公司先后推出200多个创新型产品，如“家政无忧”综合保障计划、与春秋航空合作开发的航班延误保险等。借助史带国际入股后承保能力的增强，大众保险也尝试进入一些新的领域，如参与货运险、意外健康险、工程险的竞标，先后承保了沃尔玛（中国）和安利（中国）等项目。

总之，我们将以引进境外战略投资者为契机，学习、借鉴国际成熟保险市场的经验，加强产品创新、渠道创新和销售模式创新，不断提升服务能力，增强公司的核心竞争力，加快转型发展，实现新跨越，再创新辉煌！

（《中国保险报》记者李晓波采写）

做有特色的保险公司

——对话鼎和财产保险股份有限公司董事长杨璐

借助自身资源和网络优势，一些中小型保险公司的发展可圈可点。其中，多家拥有电力背景的保险公司成为业内受瞩目的新势力之一。

2008年5月，鼎和财产保险股份有限公司由中国南方电网有限责任公司及旗下的5家省电网公司、南方电网财务有限公司共同出资设立。鼎和保险在成立的第三年就开始盈利，2012年实现了9400万元的利润总额。在保险业竞争日益激烈的今天，非理性竞争、结构不均衡、成本剧增等问题困扰财险业的发展，鼎和保险面对复杂形势，通过明晰战略定位，发挥比较优势，积极探索差异化发展方式。

2013年4月上旬，《中国保险报》副总编辑李俊岭走访了总部位于深圳的鼎和财产保险股份有限公司，与该公司董事长杨璐围绕中小型保险公司如何定位，如何依靠自身优势寻求突破、走持续健康发展的道路等问题进行了探讨。

杨璐

鼎和财产保险股份有限公司董事长

杨璐女士，本科学历，高级会计师。现任鼎和财产保险股份有限公司董事长、党组书记。

曾任广西电力工业局财务处副处长，广西电力有限公司财务部副主任、主任，广西电网公司财务部主任，中国南方电网有限责任公司财务部副主任，南方电网财务有限公司党组成员、书记、副总经理、总经理。现任南方电网财务有限公司董事长、党组书记及鼎和财产保险股份有限公司董事长。

自2010年起担任鼎和财产保险股份有限公司董事长以来，领导公司步入良性发展轨道，实现了规模、效益的跨越式发展，树立了良好的企业形象，为南方电网公司产融结合战略的落地作出了突出贡献，获评“2012中国经济女性年度发展人物”。

【李俊岭】鼎和保险开业5年来，已连续三年实现盈利，在中小保险公司中表现突出。在竞争激烈的财产保险市场上，鼎和保险取得上述业绩的主要原因是什么？

【杨璐】这主要有几个方面的原因。第一，得益于股东单位的大力支持。我们的股东单位有较为丰富的保险资源和电力行业的技术优势，这让我们在起步阶段就具备了一定的业务规模，并专注于做好电力行业保险业务。同时，鼎和保险很好地传承了股东单位的经营理念、企业文化，引进了股东单位的一些先进管理技术和方法，得到了经营理念和管理体系建设方面的指导。

第二，鼎和保险有一个非常明晰的经营发展思路。当前的市场竞争环境，对于任何一家成立时间不长的中小保险公司而言，要探索出一条可持续发展的道路都是很大的挑战。

我们认为公司生存发展的关键不在于业务规模有多大，而在于能否找准自身的市场定位、能否为特定客户群提供高价值的风险管理服务。基于这样的认识，我们决定充分依托股东单位的电力行业背景，选定并努力构建在电力行业风险管理领域的特色，凭借优质的服务和持续的创新去赢得客户的认可。

我们选择了稳健的机构发展策略，5年只开设了9家分公司。我们的理念就是争取成立一家公司就要做好一家公司，而不是盲目扩张。

此外，保险公司是经营管理风险的企业，在为客户管理风险的同时，有效管控好自身的风险也至关重要。基础管理水平决定了公司防控风险的能力，我们积极推进了一体化管理，对公司内部制度进行了全面梳理和修订，初步建立起较为完善的制度体系框架和风险防控体系；开展了管理提升活动，着力解决管理薄弱环节，为公司的健康发展提供了重要保障。

【李俊岭】服务是保险行业的本质，刚才您也提到优质服务是鼎和保险取得好业绩的重要因素之一，请您介绍一下公司在客户服务方面的典型案例和经验。

【杨璐】我们高度重视服务，一方面是由于保险行业的本质就是服务；另一方面，我们的股东南方电网公司就是一家电力服务企业，也高度重视客户服务，在公司战略目标中提出"成为管理好、服务好、形象好的国际先进电网企业"，明确要求下属公司持续提升优质服务水平。我们的公司使命中也提出了"服务客户，奉献社会，做优秀保险企业"。可以说，服务是我们公司的价值所在。

2008年，百年一遇的特大冰雪凝冻灾害袭击了中国南方大部分地区。当时，公司正在筹建期，还没有承保股东单位的电网保险业务，但已直接进入角色，投身于为股东单位抗险救灾中，协助做好理赔服务。

之后的几年，贵州大规模发生冰雪凝冻灾害天气、海南遭遇五十年一遇的特大台风、贵州发生特大洪涝灾害、云南连续发生5级以上破坏性地震、海南和广西遭遇台风和洪灾袭击，这些自然灾害对电网产生严重损坏，导致部分地区受灾断电。公司接到报案后，启动一级应急指挥系统，查勘人员第一时间奔赴现场，协助电力系统抗灾救灾，执行现场查勘任务。有时候，查勘人员就睡在当地用桌椅临时搭建的"床"上，没有棉被，就拿塑胶袋将就，他们这种服务客户的精神就是公司最美的名片。

【李俊岭】创新对保险公司的发展是至关重要的。据我们了解，鼎和保险去年推出了国内首款降水发电指数保险产品，填补了一项市场空白，请介绍一下其特点。另外，公司未来还将在哪些方面进行创新？

【杨璐】我们定位于成为一家特色鲜明的保险公司，在公司内部植入"创新"基因是必不可少的。与瑞士再保险公司合作开发和推广降水发电指数保险是我们在产品创新方面一次有益的尝试。降水发电指数保险的特点在于改变了传统保险产品承保范围，传统保险产品只关注极端灾害天气造成的损失，而无法保障因天气波动带来的损失。同时，它改变了传统保险产品承保理念，更加关注被保险人的财务风险和持续经营能力，属于非传统风险转移手段，容易受到关注持续经营的被保险人的青睐。而且这种保险会要求保险公司采用定制方式，根据不同企业、不同特点、不同经营状况单独拟定合同、单独定价，更好地体现保险公司的专业性和服务能力。

未来，我们将力求在理念创新、产品创新、服务创新等方面取得突破。在理念创新方面，我们将努力运用整合思维去经营发展，整合资源，探索和同业公司在业务方面的深度合作、与渠道伙伴的深度合作，以及整合股东单位资源，不断延伸电网产业链。在产品创新领域，我们将进一步发挥公司在电力行业的背景优势，继续研发各类电力保险产品，并已经在研究降水供电指数产品的可行性。在服务创新领域，我们将升级服务，提供专业化的防损服务。同时，我们非常重视并着手开展新能源领域的相关研究，旨在提前介入风险管理，取得了一定的进展。

【李俊岭】在当下的市场环境中，保险业竞争激烈，您觉得中小型保险公司该如何谋求自身的生存与发展？鼎和保险如何规划自身的未来发展？

【杨璐】对于保险行业发展趋势，我个人的主要判断有：市场进入了增长放缓期；信息技术推动行业经营管理方式发生深刻变化，尤其是电子商务技术将在很大程度上改变现有的销售和服务方式；行业监管部门将推动保险行业逐步走向规范发展和公平竞争。

与行业大公司相比，中小保险公司在品牌知名度、服务网络布局、资本实力和人才队伍积累等诸多方面都存在明显不足，由于缺乏经营特色和核心竞争力，中小保险公司容易遭遇发展瓶颈。市场经验证明，中小保险公司采用简单模仿大公司的做法终将是困难重重的，必须尽早找准自身的市场定位，着力打造在特定领域的经营特色，通过持续创新和高效运用信息技术，实现专业化、特色化发展。

鼎和保险提出成为立足集团（中国南方电网）、服务社会、特色鲜明的保险公司。未来，鼎和保险将坚持走专业化、特色化发展的道路，将依托股东资源优势，着力发展营销管理、风险管控、客户服务、投资运作、创新发展、文化建设等核心能力，力争在特定经营区域、特定客户群、特定销售渠道建立独特优势，把公司建成一家特色鲜明的优秀保险企业。

目前，在鼎和保险的业务中，股东的业务量略高于市场业务量。未来，公司将努力依托股东资源优势，进一步拓展市场业务。我们考虑未来要加大力度拓展股东的上下游业务，包括发电商、电力设备开发商以及用电客户；充分利用南方电网公司在南方五省区的品牌知名度和美誉度，提高鼎和保险的知名度，拓展南方五省区的个人保险业务。

2013年到2015年，是公司的专业化发展期。公司将更加注重经营效益和价值创造，加强核心能力建设，建立“以客户为中心”的经营管理模式，实现集约化管理、内涵式发展，显著提升综合竞争能力。2016年到2020年，是公司的品牌形成期。公司将力争成为技术先进、服务优良、效益卓著的保险企业。

我们衡量公司优秀与否的标准是能否实现有效管控风险和持续盈利、能否在选定的客户群和专业领域中建立很强的市场竞争力、能否向客户提供高价值的风险管理服务。

【李俊岭】与一般财产险相比，电网保险的风险比较特别，鼎和保险是如何分散风险的？未来在化解风险方面，鼎和保险有哪些考虑？

【杨璐】电网业务风险特殊，是因为损失特点与其他常规保险业务不同。电网资产价值高，分布区域广，露天存在，易受各类自然灾害的影响。电网小额损失每年分布较为平均，损失风险在保险企业可承受范围内。巨灾如台风、洪水、雪灾等造成的损失离散分布且金额巨大。因此，我们更加关注电网业务巨灾损失风险的分散。目前，鼎和保险主要采用比例合同和临分方式将风险在国内外再保险市场进行分散。

作为南方电网的下属公司，鼎和保险在电网业务风险管理上有双重任务要实现，一是在保险专业技术层面帮助电网企业不断提高风险管理水平，提高风险抵御能力。下一阶段，鼎和保险将更多地尝试开展国际合作，借鉴国际先进经验，为集团提供更多更好的防灾防损、风险管理措施，如邀请风险管理专家为电网企业做现场风险诊断与风险管理建议，还可以通过理赔数据的精细化分析，为电网技术改造、设备升级提供风险量化模型，目前我们已经在逐步探索并取得了较好的成绩。二是从财务角度合理确定风险自留和风险转移的平衡点，谋求成本和效率的最优组合。未来，鼎和保险将根据自身的财务状况和风险管理能力，针对电网风险特点和状况，逐步调整风险自留额度，不断优化风险分散方式。

（《中国保险报》记者韩啸采写）

历史彰显价值　专业成就未来

——对话民安财产保险有限公司董事长王新利

2011年，民安中国经过股权交易，海航资本控股有限公司等6家企业受让了公司全部股权，公司名称也变更为民安财产保险有限公司。自此，民安也从港资背景的"外商"独资保险公司变身为中资股东控股的保险企业，就此开启了"新民安、新跨越"的历史发展阶段。

2013年，恰逢民安保险创立70周年，历经70年栉风沐雨，曾经的"红色"企业、"外资"企业，是何新面貌？作为民族保险企业，以70年连续经营的眼光，如何审视目前的中国保险市场？面对竞争白热化的现实，作为中小型保险公司的民安保险如何寻求创新和突破？

带着这些问题，《中国保险报》副总编辑李俊岭4月走访了总部位于深圳的民安财产保险有限公司，与该公司董事长王新利进行了一番探讨。

王新利

民安财产保险有限公司董事长

王新利先生，1969年2月生，博士学位。现任民安财产保险有限公司法定代表人、党委书记、董事长兼总经理，中国保险学会常务理事。

先后取得中央财经大学经济学硕士学位、武汉大学经济学博士学位，现为澳大利亚新西兰保险金融学会资深会员。

曾在中国太平洋保险深圳分公司历任业务员、业务科长、南山办事处主任、南山支公司副总经理，在华安财产保险股份有限公司历任南山支公司总经理、业务管理部总经理、战略管理部总经理，在香港民安保险深圳分公司历任副总经理、总经理，后分别在民安保险（中国）有限公司、太平财产保险有限公司担任副总经理等职，拥有20多年保险从业经验。

2011年3月28日起任民安财产保险有限公司董事长兼总经理。

【李俊岭】民安保险创立已经70年了。70年的历史对一家保险公司来说是一笔怎样的财富？两年前，民安保险经历了股权变更，这次变更对民安保险有哪些影响？海航作为民安保险主要股东，在支持公司发展方面，其股东优势体现在哪些方面？

【王新利】民安保险是我国最早创建的民族保险企业之一，由1943年在重庆设立的“民安产物保险公司”传承而来。1949年民安产物香港分公司改建设立为香港民安保险有限公司。1982年，改革开放之初，香港民安率先重返内地，在深圳设立分公司，成为改革开放后第一家进入内地保险市场的境外保险公司。2005年，香港民安保险深圳分公司改建为具有独立法人资格的全国性综合财产保险公司即民安保险（中国）有限公司。

70年的经营历史对任何一家企业都是一笔宝贵的财富，民安人始终有着打造“百年老店”的宏大目标。作为一家具有悠久历史和境外经营经验的保险公司，民安保险在历史和文化传承、保险与风险管理专业经验积累等方面受益匪浅。民安保险不仅在业内具有较高的品牌知名度和认可度，同时在水险及境外业务上积累了相当丰厚的经验和资源优势，与全世界100多个国家和地区的保险、再保公司保持广泛业务合作，拥有较强的境外救援服务能力。

民安保险此次股权变更，更多的是体制、机制的变化。股权变更前，原来的母公司香港民安保险公司虽然在香港，但其本质是国有企业，是在港中资企业。因此，民安的股权变更，是从国有企业向非国企体制和机制的转变，是稳健与活力的对接，是传统历史和专业经验与新机制、新文化的融合，是一个继承与创新的过程。

海航作为公司最有影响力的股东，在推进公司引入市场化机制和经营理念，树立新的诚信、业绩、创新文化方面发挥了积极作用。海航集团经过短短20年，已成为收入规模达到全球500强级的企业，其本身在经营理念、企业管理和文化等方面做得非常成功。

目前，民安保险已经成为海航旗下机队的主要承保人，承保份额达到30%，并持续提升对海航物流、船队的承保份额。因海航经营范围涉及的产业广泛，保险及客户资源丰富，民安保险正不断发挥专业优势，在航空及物流、旅游保险等方面开发经营特色产品，为股东提供专业的风险管理服务，在行业中谋求差异化、个性化的竞争优势。

同时，我们希望通过发挥网销和电销的优势，让海航的客户成为民安保险的客户，借此可以提供更多的感恩回馈。

【李俊岭】去年年底，民安保险注册资本金增至20.01383亿元人民币，较原有注册资本规模增加了一倍，公司偿付能力充足率也提高到400%以上。随着资本金的增加，民安保险在发展战略方面作出了哪些调整和布局？

【王新利】增加资本金是满足公司可持续发展的需要，也是中国保监会对偿付能力监管的要求，但更重要的是体现了股东对民安保险未来发展的信心。偿付能力的提升可以为民安保险健康发展奠定坚实的基础。

与大公司发展路径相比，中小公司不能盲目追随，唯有改革创新，走差异化、特色化之路。

对民安保险而言，需要尽快转变发展方式，不断优化自身结构。首先，推进以客户为导向的产品创新工作，重点是与民众相关的保险领域，包括城镇化建设带来的新机遇。同时，民安保险将学习借鉴海航在客户服务领域取得的成功经验，学习其“五星航空”精神，改进现有服务产品和流程设计，加大客服方面投入，通过服务为客户创造价值。

民安保险也要紧紧围绕拥有的优势资源，打造核心竞争力。比如，依托股东方面的产业优势，挖掘航空物流产业保险资源；以地缘优势为依托，促进深港业务合作和融合发展。

海航代表的是市场化的业绩文化，为员工提供了更广阔的成长空间，与之相适应，民安保险正不断优化考核机制和人才结构，加大培训投入力度，实施保险英才计划及“雏鹰、雄鹰工程”。

此外，民安保险要以建设现代企业制度为方向，不断完善公司治理结构，以形成科学合理的决策机制、执行机制和内控机制，向业内优秀的公司看齐，使“百年老店”真正成为现实。

【李俊岭】民安保险的业务结构是怎样的，车险和非车险业务占比如何？您在2012年中国金融年度论坛上曾谈到了财险业发展的非均衡问题，以及保险产品转型势在必行，民安保险在改善非均衡发展和保险产品的创新方面都做了哪些努力，成效如何？

【王新利】的确，我国产险业目前存在着较为突出的供求、结构、规模效益等非均衡发展问题，我认为完善治理结构是解决中国财产保险发展非均衡问题的内在动力和根本所在，“打铁还需自身硬”，好的公司得益于所有者、经营者、消费者等多方利益的协调和平衡，其经营能力来自诸多利益相关者之间的合作。破坏这种平衡关系，就会引发发展中诸多不均衡问题。

民安保险也是车险一险独大，我们也要调结构。2012年，民安保险的重要工作之一就是调结构，应该说取得了良好的成绩。一是调整险种结构，加大新产品开发力度，加大意健险推广力度。民安保险的个险业务在去年就体现了强劲的发展势头，今年第一季度同比增长高达197%。二是调整渠道结构，组建专业化渠道，发展新型销售渠道，培育新的业务增长点。今年1月，民安保险电子商务平台正式投入使用。截止到2013年3月31日，电销同比增长70.6%，网销同比增长240%，这些数字体现了创新型销售渠道的强大生命力。我们认为，年轻的客户，相对于传统的服务模式，对便捷且通俗易懂的网销渠道有比较高的认同度。

【李俊岭】面对激烈的市场竞争，中小保险公司发展同质化现象严重，刚才您谈到了民安保险在产品、销售模式上都推出了多项创新举措，那在服务方面又有哪些具有民安特色的项目呢？

【王新利】跟大公司相比，中小型保险公司创新的压力更大、更紧迫。民安保险没有那么多的客户资源，所以我们比大公司更有条件把客户服务好，尤其是一家新公司。中小型公司品牌不够响亮，规模不够大，那就要抓好服务，成为精品公司。

“四免一管家”是目前我们民安保险最有特色的服务。“四免”即“免资料、免上门、免等待、免垫付”。“一管家”是指在客户发生保险事故后，我司指定一名工作人员作为客户理赔的直接联系人即“理赔管家”。“理赔管家”对客户在理赔过程中遇到的各类问题全程负责协调与处理。

当然，保险公司的服务承诺最终要以客户体验的满意度为评价标准，民安保险“以客户为中心”的组织保证了客户服务的品质。

民安保险在总公司层面设立了客户服务部，直接负责公司客户关系和服务品质管理工作，注重提升客户在保险服务过程中的感受和体验。这也是民安保险多家分支机构在近期各地保险行业协会、监管部门开展的“围绕现场服务能力”保险出险客户服务测试中均取得了好的成绩的重要因素之一。

2013年，民安保险还将通过一系列新技术的运用，进一步实现车险理赔服务质量提升。移动查勘系统已调试完毕，即将正式投入运用，系统上线后，理赔人员可以使用移动设备完成车险理赔全流程的业务处理，对于简易案件，可以实现真正意义上的现场赔付。

同时，民安保险也深深认识到，在给客户提供有特色的服务的同时，需要不断扩展业务规模。因为保险经营的大数法则本身要求公司必须具有一定的规模，没有规模的盈利也会比较艰难，而且没有一定的规模，很难说明公司是有实力的。

【李俊岭】民安保险获得了经营大病保险的资质，目前有关业务筹备的情况如何？作为一家中小型保险公司，在开展大病保险业务方面，优势有哪些，劣势有哪些？在您看来，保险公司参与大病保险有哪些机遇和挑战？

【王新利】财产保险公司开展大病保险，既有机遇，也面临挑战。一方面，保险公司开展大病保险，能够发挥商业保险的专业管理优势，降低大病保险运营成本，并利用全国性服务网络的资源，为被保险人提供异地结付等高质量服务，这将有利于自身品牌的传播和客户群的扩大；但另一方面，开展大病保险，对保险公司的资金实力、专业人才队伍、信息技术系统以及风险管控能力方面也提出了更高的要求。

民安保险一直非常注重发展保障型医疗保险业务，曾经在北京、辽宁等省市开展过大型补充医疗以及重大疾病保险业务，多年来积累了一定的大型医疗保险的风险管控经验，同时民安保险与世界知名的再保险公司以及健康管理公司都建立了良好的合作关系。

目前民安保险已经完成了相关业务和系统方面的准备，对分支机构也进行了大病保险的政策宣导，民安保险将充分利用现有的电子商务系统优势，为参保的被保险人提供实时网络查询、线上业务咨询、线上理赔以及业务处理进度查询、异地结付方面的功能模块，有效控制运营成本，提高被保险人获得的保险服务感受。

（《中国保险报》记者韩啸采写）

凸显电力系险企的专属特色

——对话永诚财产保险股份有限公司董事长兼CEO杜林

四川芦山“4·20”7.0级强烈地震对雅安、成都等地供电设施造成不同程度的影响。国内仅有的几家电力系保险公司，为帮助受灾企业尽快恢复运转作出了自己特殊的贡献，永诚财产保险股份有限公司就是其中的一家。

永诚保险成立于2004年，是国内首家电力系保险公司，由国内实力雄厚的大型电力企业集团和产业投资集团共同发起组建。开业至今，永诚保险已连续8年保持盈利。

作为一家定位于电力能源及大型商业风险领域的专业化保险公司，永诚保险一直致力于为电力能源行业提供完善的保险保障和防灾防损综合化风险管理解决方案。2013年5月下旬，中国保险报业股份有限公司副总经理杜增良与永诚保险董事长兼CEO杜林对话，双方围绕专业化保险公司的发展道路进行了一番探讨。

杜林

永诚财产保险股份有限公司董事长兼CEO

杜林先生，1956年生，博士学位，自2006年6月起任永诚财产保险股份有限公司董事长兼CEO，负责公司整体经营管理工作。

1986年8月起，曾在中国人民保险公司青岛分公司国外部、中国平安保险青岛分公司、中国华能财务公司等担任要职。

2002年5月，作为中国华能财务公司保险公司筹备组副组长，组织筹建永诚财产保险股份有限公司，2004年6月9日获批筹建。历任永诚保险总裁、副董事长、董事长兼CEO。永诚保险现已拥有30家省级分公司和200余家中心支公司及营销服务部。

获中国地质大学资源产业经济博士学位，2008年至今任北京大学中国保险与社会保障研究中心（CCISSR）常务理事。

【杜增良】在这次芦山地震中，不少水电站都受到影响，永诚保险这次的承保和赔付情况是怎样的？永诚保险在我国西南地区承保大量的水电站工程险和营运险业务，而那里也是地震多发地带，永诚保险是如何分散风险的？与一般财产险不同，电力保险风险巨大，且逐年累积，永诚保险应对风险的机制是怎样的？

【杜林】芦山地震发生后，公司高度重视，当天即成立了抗震救灾工作领导小组及理赔服务应急小组，积极做好地震救灾理赔工作。永诚保险在雅安地区共承保10家水电站。截至目前，根据被保险人的报损统计，初步总估损金额逾300万元。为帮助受灾企业尽快恢复运转，公司对其中已查明损失的一家电站预付赔款50余万元。

地震风险是保险行业审慎承保的风险，永诚保险建立了在项目承保前对地震风险，特别是对地震多发地带保险标的进行审慎评估的机制，并且严格控制承保单一风险标的的自留金额，加之行之有效的再保安排，确保地震风险有科学的分散机制，保证被保险人尽快恢复生产。

电力行业是国民经济的命脉，对运行系统的安全性和稳定性有着极高的要求。目前，永诚保险承保的大型电力标的已超过1200个。为了积极有效应对风险，公司制定了系统的风险管理策略、预警指标和解决方案，有效提升整体风险防范能力。一是严格承保管理决策机制，对重大项目的承保，公司须经包括外聘专家在内的公司专家委员会进行详细评估，严格按照公司核保规定进行承保。二是严格遵循保险行业经营规律，尽可能地扩大同一类型保险标的的承保规模，分散风险。同时，公司与世界上多家大型再保险公司就此类高风险业务的承保和风险管控建立了长期合作关系，制定了有效的再保险方案和巨灾风险化解机制。三是强化风险管控，为客户定期提供专业化的防灾防损服务，包括风险查勘、汛期专项服务、保险知识培训、案例交流、风险提醒及提供安全管理信息等，将风险管理的着力点放到企业经营管理的日常工作中，降低人为风险的产生，防范由于管理不善造成的损失。

【杜增良】根据2012年信息披露，永诚保险盈利1.7亿元，成立8年来，业绩表现良好，它是如何保持这样的发展势头的？作为一家由五大发电集团联合发起组建的财险公司，与其他财险公司相比，永诚保险的股东优势和渠道优势体现在哪里？

【杜林】永诚保险成立8年多来，始终坚持以效益为中心的发展理念，积极适应市场环境变化，适时调整经营理念，注重把握质量和速度、效益和规模的平衡。在保险业务方面，公司高度重视业务品质优化，通过加强业务品质的全流程把控，实现了承保业务的整体盈利。在资金运用方面，公司通过动态跟踪宏观经济形势和市场变化，加强波段操作，优化组合资产结构，有效控制投资风险，取得了较好的投资收益，为公司实现盈利提供了强有力的支持。永诚保险已连续8年保持盈利，以稳健的发展和良好的业绩回报股东、回馈社会。

永诚保险依靠强大的股东背景、丰富的电力业务技术，为公司培养电力承保人才队伍创造了条件，为拓展电力能源业务提供了机会。公司分别于2009年和2011年先后成功引入海外战略合作伙伴——加拿大枫信金融集团和瑞士再保险公司，两家外资股东均拥有先进的风险管理理念和独特的技术优势，不仅为永诚保险带来了先进的风险管理技术，而且还促进了公司内部经营管理水平的提升，为公司可持续发展打下了良好的基础。

【杜增良】中小型产险公司大多数都以“车险独大”为业务结构，永诚保险的业务结构占比是怎样的？面对行业延续强者恒强的格局，永诚保险除借助股东优势以外，还有哪些战略布局？在渠道和产品创新上是否有所尝试，取得了哪些成果？

【杜林】在中国庞大的财产保险市场车险占比达到72%水平的环境下，永诚保险这样的中小公司，也不得不涉足车险业务。车险占比独大已是行业不争的现实。永诚保险成立初期确定的战略定位是非车险中的高风险领域，而且我们一直在坚持围绕这一战略定位制定政策、培养队伍，追求在定位市场有更大的发展。

同时，我们也非常重视对车险经营的不断创新和改革，力求在销售、服务、管理等方面实现车险经营的更好效果，做到“人无我有，人有我优”，力争在销售模式、经营管理方法及各项配套手段方面体现出永诚的特色。目前，我们在专属渠道、系统性销售和电子化销售等创新方式上做了大量的工作，特别是针对个人业务，我们转向以客户为中心的销售模式，改变了以往以产品为中心的模式。近几年，我们的车险、非车险业务结构总体上还是优于同类公司的。

在渠道和产品创新方面，公司进行了有益的探索和尝试。渠道创新方面，公司深入推进专业化渠道建设，有组织地将零散销售向系统性销售转化，依托网电销一体化的销售服务平台，采取系统性销售形式，有针对性地面向股东客户开展个人业务系统性销售。此外，公司加强与股东单位的密切合作，开展资源整合，借助新产品打开市场，为股东客户提供衍生产品服务，提升综合金融服务水平。产品创新方面，公司研发了留学生保险系列产品及银行个人信贷险系列产品，为拓展银行业务渠道奠定了基础。同时，借助海外股东的技术优势，联合开展天气指数保险等特殊产品的研发，满足客户的需求。近期，公司正在积极推进城乡居民大病保险和农业保险产品的开发及配套工作。

【杜增良】去年下半年以来，保险市场再掀一股险企设立专属销售公司的热潮。永诚保险也在今年出资成立了永鑫保险销售服务有限公司，为何会有这样的举措？目前永鑫的发展战略是怎样的？保险公司设立属于自己的销售公司，推进产销分离的优势有哪些？

【杜林】市场细分是未来财险市场的发展趋势。我们在组织结构、工作流程和管理上改变原有的销售模式，也是为适应这一趋势而做的准备。成立销售公司，是落实以客户为中心、更好地满足客户日益多元化的需求而进行的重要转型举措之一。

销售公司成立以后，将依托母公司的服务资源和更贴近市场的销售服务方式，为客户提供的不仅是永诚产品，可能还会涉及其他公司产品，甚至是寿险产品和其他的增值服务。

现在提“产销分离”为时尚早，但是保险行业走向专业化、精细化是总体的大方向。销售公司是为适应行业快速发展及消费者对保险需求不断丰富的大趋势应运而生的。

【杜增良】截至目前，永诚保险将电销业务范围扩展至22个省区，是否力图全国布局？与英大财险、长江财险等同是由电力系统的大型国企发起的保险公司相比，永诚保险对未来发展的规划是什么？永诚保险又对自己如何进行市场定位？

【杜林】电销是未来保险销售的一种重要形式，有着广阔的发展前景，值得保险企业去尝试和探讨。永诚保险获得的电销资格对于公司当前的发展来说，使我们获得了与竞争对手同等的市场竞争机会，有利于通过电销平台宣传保险、宣传公司品牌，对挖掘客户需求、推销产品能起到强有力的辅助作用。我们总体上是将电销定位于对公司系统性销售、专属化渠道销售的配套手段，而非唯一的呼出销售手段，我们更强调其配套服务功能。

其他电力企业作为主要股东发起成立的保险公司对我们而言，既是竞争对手，也是合作伙伴。从一个行业市场化发展的规律来看，我们乐于见到市场发展过程中存在有一定压力的竞争环境，这将促使公司管理更加优化，促进服务提升。我们不会因为多了相对类似的公司而改变自身市场定位，我们仍将坚持自身的战略，努力塑造专属于永诚保险的战略目标和发展特色。

（《中国保险报》记者韩啸采写）

“换血”后重新出发　重质量效益成关键

——对话都邦财产保险股份有限公司董事长刘德江

备受偿付能力之困多年的都邦财产保险股份有限公司（以下简称“都邦保险”），在2012年经历高层大“换血”之后，在新股东的强力推动下，完成了增资“补血”计划，注册资本金由20亿元增至27亿元。

随着都邦保险偿付能力问题的解决，在新一届董事会的带领下，公司的发展已进入一个全新的稳定发展时期。

2013年7月初，《中国保险报》总编辑于华与都邦保险董事长刘德江进行了对话，就都邦保险今后的发展规划以及车险费率改革等行业关注的问题进行了探讨。

刘德江

都邦财产保险股份有限公司董事长

刘德江先生，1951年生，高级经济师，现任都邦财产保险股份有限公司董事长。

1969年3月参加工作，历任林甸县东风供销社营业员、记账员、会计员，县供销社会计、政治处副主任，宏伟公社革委会副主任、党委副书记，县供销社副主任、党委副书记，县财贸办副主任，人民银行（工商银行）县支行行长，人民银行大兴安岭地区分行副行长、行长，人民银行黑河市分行行长，人民银行齐齐哈尔市分行行长，中国保监会长春特派办主任、吉林监管局局长等。

担任吉林省第十届政协常委，长春有特殊贡献专家，吉林省高级专家，大众文学学会理事，吉林省桥牌协会主席，吉林省集邮协会常务理事，吉林省保险学会会长。

【于华】尽管之前受到偿付能力等问题的困扰，都邦保险2012年仍然取得净利润2.1亿元，同比增长近两倍，实现这一突出业绩表现的原因是什么？都邦保险去年增资7亿元，这对公司的整体经营战略和规划带来什么影响？

【刘德江】都邦保险成立于2005年，目前在全国设立了32家省级分公司，拥有各类网点440多个，形成了覆盖国内主要经济区域的销售和服务网络。但随着创立初期的快速扩张，由于诸多因素导致经营亏损较大，股东也因有关事务产生纠纷，公司偿付能力出现严重不足。在这样的特殊情况下，2012年都邦保险能够取得比较好的经营管理成果我认为有两点原因：一是外部的推力。吉林省及吉林市政府所属的5家国有企业在2010年底完成收购员工持股和部分法人股后，正式成为控股股东，都邦保险进入国有资本绝对控股的新阶段。2012年3月，都邦保险进行了董事会换届选举，进一步完善和健全了公司治理结构。各级政府对都邦保险的稳定和发展给予大力支持，帮助解决实际问题，参与重大决策并放手让公司自主经营，做到了管放适度。2012年初，保监会委派稽核检查组对公司实施全面检查。这次检查深深触动了都邦保险进行全方位整改，使公司各项经营管理工作上了一个新台阶。

二是内部的动力。我认为，都邦保险成立以来具备了一定的盈利基础和管理基础，尤其是在承保和理赔管理上的工作基础比较好，近几年公司的赔付率在全行业内也是比较低的。公司换届后，新一届董事会首先从解决公司偿付能力严重不足问题入手，用较短的时间组织增资扩股，解决了偿付能力问题，极大地提振了员工信心和增加了员工干劲。与此同时，新一届董事会和经营班子审时度势，统一步调，正确定位，制定了“重质量效益，创都邦特色”的经营指导方针，重点强化了对各级机构的管控力度，推出一系列有效的管理举措。都邦保险自身经营管理工作的不断强化，使企业在保险市场急剧变化的情况下实现了承保不亏损，也确保了企业以投资盈利为主的经营目标的实现，2012年投资年收益率为6.30%，居全行业前列。

都邦保险2012年上半年解决了偿付能力不足问题以后，全公司上下都有借势快速发展的想法。但公司经过反复论证，认为目前还不能急于扩张发展，现有条件还不具备。都邦保险由于账面亏损吃掉了相应的资本金，扩张规模还需增加一定量资本金，何时增资、增多少，还待时日；公司被监管部门多年限制业务规模，销售体能还需要恢复；市场环境欠佳，外部条件也不支撑扩张规模。因此，都邦保险只有按照质量效益发展的要求，全面坚持以效益为中心的发展理念，才能走出一条具有都邦特点的发展道路。

【于华】中国的车险市场长期占据着财产险市场的半壁江山，但却长期深陷交强险亏损的泥潭。面对这样的车险市场，都邦保险在车险业务上实现了808万元盈利。都邦保险车险的经营状况是怎样的？我国车险费率改革正在进行，即将进入实施阶段，这必将对车险市场带来不小的影响，您如何看待这项改革对行业的影响？

【刘德江】我认为，账面的盈利并不能说明公司车险经营本身是盈利的，因为其中存在被监管部门限制业务而规模缩减的因素。业务规模缩减有两方面情况，一是准备金提转差使成本降低而影响了利润；二是业务规模受限使公司核保政策相对严格，使承保质量趋好。实际上在目前商业车险与交强险市场情况下，中小保险公司实现盈利是有一定难度的。抛开交强险不论，商业车险按现行费率，如果没有不理性竞争是可以盈利的，前些年保险市场比较好的时候已经证明了这一点。

此次商业车险费率改革的主基调还是规范市场、促进行业的健康发展，通过车险价格的市场化，进一步让利于被保险人，维护保险消费者利益，提高商业车险的管理水平，拓宽发展的深度和广度。从对行业影响来看，车险费率改革对各保险主体（特别是中小保险公司）的经营能力提出了更高要求。财险业界普遍关心的问题，也可能主要是中小保险公司担心的问题，就是商业车险盈利空间缩小，给经营带来难度和压力。

实际上，这已经是不是问题的问题了。2012年下半年以来，车险业务的盈利空间已被不理性竞争挤压没了，如果继续挤压，财险业界就显得更加不理性了。说车险费率改革的时机已经成熟，这是无可非议的。但是，有一点可能影响到改革的效果，这就是我国保险业存在保险市场集中度过高和保险资源的极不平衡性。也就是说，保费资源主要集中在几家大公司，这可能是改革的难点和风险点。如果这个问题解决得好，改革就不会出现大的问题。我这里所说的，可能涉及竞争的公平性和合理性问题。当然，我相信有些问题会通过改革本身来消化和解决，最好是做到将中间环节费用压下来、费率相应降下来。期待车险费率改革的成功。

【于华】去年下半年以来，虽然财产险保费保持了较快增长，但财产险的整体承保利润却有所下降。您认为造成承保利润下降的主要原因有哪些？都邦保险的情况如何，又将如何应对？

【刘德江】承保利润下降具体有以下几个原因：一是保单获取成本增加。以都邦保险为例，2012年财产险全年的前线变动费用率上升2.2%，而保费费率下降0.01%，保单获取成本呈上升趋势。二是保险中介机构保费增幅明显，佣金比例上涨。按相关统计数据，2012年专业代理与经纪机构实现财产险保费789亿元，保费规模增长93亿元，而且保险中介获取的佣金比例上升1.5%。三是后线成本增加，特别是人力成本增加较快。四是受国家宏观经济形势影响，固定资产投资、基础设施建设趋缓，相关的产业保费规模大幅下滑，也使行业利润减少。以上多是客观原因，而影响利润下降的还有主观原因，即保险业自身不理性竞争而导致市场秩序不规范、人为增加成本、影响盈利能力的问题。

2012年下半年以来，都邦保险已经感受到了来自行业和市场的一些变化情况，并有针对性地采取了一些应对措施。但是，基础的薄弱、解除业务限制后恢复期的压力，都会给公司业务的可持续增长带来难题。我们正在产品、客户和服务等方面下功夫，以提升销售能力为主线，探索新路径，推行新举措，获取新成果。都邦保险的现状做到可持续增长是有难度的，但我们对今后发展充满信心。

【于华】面对激烈的市场竞争，中小保险公司发展同质化现象严重，财产保险公司的发展面临结构和保险产品转型的问题。因此，都邦保险在业务结构调整中做了哪些尝试？在产品和销售模式上又做了哪些努力，成效如何？

【刘德江】中小保险公司发展同质化现象严重，这本身就弱化了竞争力。所以说，中小保险公司必须逐步走出这一困境，才能做到可持续发展。但是，真正做到这一点，还需要付出艰辛的努力。都邦保险经过这几年的发展，已经使非车险业务的比重由原来的15%增至17%。目前，我们已在责任险、两短险、信用保证保险等方面进行积极探索，争取不断推出非同质化的优质产品，提高产品竞争力，这是都邦保险可持续发展的出路所在。

都邦保险在产品方面是根据销售群体与销售区域进行产品细分，打破原来常见的一个产品全国通用的模式，推出了针对不同客户群特点、不同销售区域特点而开发的特定产品。同时进行多种形式的风险组合，如将个人责任、雇主责任与监护人责任结合起来推出的“我的e家”个人责任保险条款，有效地整合了部分被保险人的投保需求。此外，根据市场变化与需求对现有产品进行修订，并通过对细分产品模块的经营结果进行分析，为精细化产品政策和管理决策提供参考依据。在销售模式方面，都邦保险对销售人员管理模式进行调整与改革，薪酬福利待遇向高绩效业务人员倾斜，对销售费用使用模式进行调整，对业务渠道进行梳理与拓展，稳定现有优质渠道，探索创新重点渠道业务合作模式，加大渠道开拓力度。积极探索与多家大型汽车生产商和经销商、大型银行、全国性保险经纪（代理）公司、证券公司以及人寿保险公司的重点渠道业务开拓，并加强直销渠道的建设，积极推进网销、电销和销售公司等新渠道建设。

（《中国保险报》记者韩啸采写）

以开拓精神服务安全生产

——对话安诚财产保险股份有限公司董事长华渝生

日前，中国保监会主席项俊波在学习中共十八大精神中再一次强调了保险业应在参与社会管理方面发挥更大的作用，指出保险业要在完善社会管理体系中建功立业，通过引入保险机制参与社会管理，推进各种与公众利益密切相关的责任保险发展，减轻政府的社会管理压力。社会管理功能作为保险的三大功能之一，在我国保险行业的发展中地位越发凸显。

安诚财产保险股份有限公司（以下简称“安诚保险”）是我国第一家以“安保互动”为经营特色的专业化财产险公司，自2007年成立以来，一直致力于发展“安全”相关的责任险业务。如今，安诚保险的“安保互动”已经走过了近6个年头，它的经验会给保险行业参与社会管理带来怎样的启示？2012年11月下旬，中国保险报业股份有限公司副总经理杜增良走访位于重庆的安诚保险总部，与该公司董事长华渝生畅谈保险业在参与安全生产管理中的经验和建议。

华渝生

安诚财产保险股份有限公司董事长

华渝生先生，1953年生，工商管理硕士，高级经济师。现任重庆市城市建设投资（集团）有限公司党委书记兼安诚财产保险股份有限公司董事长，重庆市人大常委、重庆市人大财经委副主任。

1969—1971年，四川酉阳县插队落户。

1971—1987年，历任重庆大溪沟发电厂电工、团委副书记。

1987—1988年，重庆市社科联工作。

1989—1995年，历任重庆市社会科学咨询服务中心副主任、主任。

1995—1998年，重庆市社会科学活动中心主任。

1998—2001年，重庆社会主义学院副院长、党组成员。

2001年至2006年6月，重庆市城市建设投资公司总经理、党委书记。

2006年6月至今，重庆市城市建设投资公司董事长、党委书记。

全国五一劳动奖章获得者，第十一届全国人大代表。

【杜增良】2006年，《国务院关于保险业改革发展的若干意见》明确提出了通过“市场运作、政策引导、政府推动、立法强制”的方式大力发展责任保险。重庆是我国最早开展安全生产责任保险试点的地区，安诚保险承担了重庆“安保互动”的筹划和推动任务。6年时间过去了，安诚保险“安保互动”的发展情况如何？

【华渝生】安诚保险自2007年成立以来一直以“构筑风险预警体系，提供专业安全保障”为使命，明确了开拓安全生产责任保险、推进“安保互动”的战略定位。这一战略定位，得到了中国保监会、国家安监总局、重庆市政府和公司股东的充分肯定和大力支持。

几年来，安诚保险已经形成较为完备的“安保互动”模式。在组织机制上，安诚保险在总公司层面成立了“安保互动”领导小组，并在总、分公司市场部设立“安保互动室”保证协调到位。在专业安全技术支持上，安诚保险与中国安全生产科学研究院、中国安全生产协会、重庆市工程师协会等机构建立了良好的合作关系。安诚保险是中国安全生产协会会员单位、理事单位，也是该协会会员中唯一一家保险公司。

几年来，安诚保险通过“安保互动”的方式在全国范围内优先发展和安全生产相关的险种，目前以重庆地区的发展最为突出。得益于重庆市政府在安全生产责任险上的高度重视，安诚保险在重庆地区的农村客运承运人责任险、建筑工程施工人员团体意外险、企业安全生产责任险等方面都有较好的发展势头。目前，安诚保险重庆分公司非车险保费收入占比超过50%。2012年1—10月，责任险保费收入2300多万元，占比在10%左右。一些特色险种，如企业安全生产责任险在重庆市场上占比达60%。

【杜增良】安诚保险的战略定位是强化“安全与保险互动”的责任保险经营特色，责任险虽然能够发挥保险的社会效益，但是一般来讲市场较小，盈利能力较弱。在如今的财产险市场以车险为主的大环境下，安诚保险如何解决盈利及市场发展规模的问题？

【华渝生】从市场经济的角度来讲，中国保险业市场还处于发展的初级阶段，国内老百姓对保险的真正需求刚刚起步，还没有真正爆发。产险的业务构成分为两大块：一是对财产领域的风险保障，二是和责任相关的保险需求。过去20年，财产险的大发展与汽车行业的蓬勃发展和消费密不可分。一方面，因为汽车是百姓手中的一块重要资产；另一方面，由于汽车的风险较高，且与大数法则的吻合度高。为平滑使用过程中的风险，车主的投保意识容易建立，但这同时也导致几乎所有的财产险公司都争着挤车险业务这一根独木桥。从长远来说，这并不利于产险业的可持续健康发展。安诚保险在最早时车险业务也接近100%，但现在逐年下降，2012年下降3个百分点左右，这是安诚保险未来发展的一个趋势。

目前，安诚保险的责任险业务是基本持平的情况，利润的获取主要靠投资。安诚保险的经营思路是“传统业务求生存、创新业务求发展、资本运作保盈亏”，即通过车险等传统业务发展合理的规模，通过责任险等非车险领域创新及市场份额的逐步提升求发展，利润主要靠投资收益。目前来看，这样的思路是正确的。安诚保险的投资收益率高于行业水平，2011年年收益率超过5%，今年资本市场的回报预计能够达到或超过6%。

【杜增良】回顾近6年“安保互动”的经验，您认为商业保险公司有效参与社会安全生产管理的关键是什么？安诚保险在这中间取得了哪些经验？

【华渝生】保险业主动承担社会责任与政府管理部门实施有效推动是“安保互动”发展的根本。从保险业的发展来说，纯粹靠市场行为发展责任险需要很长的过程。尤其是在经济不太发达的阶段，很多企业管理者的侥幸心理比较重，投保意识差。所以，政府的推动就显得十分重要。

以安诚保险在重庆市承保的农村客运承运人责任险为例。农村客运较城市客运来说，道路情况更为复杂，车况普遍较差，违章情况多，风险系数大，承运人经济实力普遍较弱，投保意识低。为此，2009年重庆市政府专门下发文件，由政府给予补贴鼓励并引导农村客运市场承运人购买交强险及第三者责任险，起到了很好的效果。政府的扶持使得这些险种带有“准强制”的色彩，为此类责任险的发展起到了重要的推动作用。

在政府推动的同时，商业保险公司在承保安全生产责任相关险种时，应更加主动地承担起事前风险防控等防灾防损工作，这既是履行保险公司社会责任，也是为保险公司减少赔付率。以安诚保险和消防总队合作在重庆推广公共场所责任险为例，安诚保险在其中就主动担当起了义务消防员的角色，除了定期通过短信、电话、上门服务及印发安全手册等方式提供安全风险提示外，还会定期到承保场所进行明察暗访，发现风险隐患。让政府部门切实意识到保险公司在防范风险中发挥的作用，对于未来工作的开展也是非常重要的。

【杜增良】您认为目前国内发展安全生产相关责任险种还存在哪些“瓶颈”，还需要哪些政策的支持？

【华渝生】目前，国内责任险发展的问题主要是怎样解决保险公司承保积极性和投保人投保积极性的对接问题。一般来说，有投保意识的企业都是风险相对较高的企业，且在行业中占比较小，不符合保险大数法则。保险公司都是从全覆盖的条件下设置产品，对风险极高的个别企业难以单独承保。这就形成保险公司和企业之间的博弈。

安全生产责任保险，尤其是高危行业的相关保险一定要实现三结合，即政府、企业和保险公司的三方联动。政府要给予一定的政策和补贴，保险公司要设定合理的保障方案，企业要有投保的责任。

具体到政策支持方面，我有几点建议：首先要解决巨灾风险赔付极限的比例问题。保险公司通过再保分散风险以后，应对巨灾的赔付极限进行设定。出于对风险的控制，建议政府和保险公司应当共同研究高危行业巨灾风险的赔付极限设定，这有利于促进与高危行业安全生产相关的保险产品具有可持续性。其次，我们希望在承保高危行业的安全风险时，能在税收上有专门的政策，如高危行业保费收入可以免交营业税、所得税，不将这部分收入纳入企业利润，而是设置一个高危风险的保障基金等。这样，保险业的积极性会有所提高。

（《中国保险报》记者高嵩采写）

做农险，不要和农民太计较

——对话国元农业保险股份有限公司董事长张子良

深秋，江淮平原片片金黄，一派忙碌的景象，正在秋收的农民脸上挂着笑容。安徽省今年粮食再次大获丰收，令人欣喜。

徽皖大地江河交织，湖泊密布，稻香鱼肥，物产丰富，是我国重要的农业大省，南北方粮食、经济作物都盛产于此，农业人口占全省人口的56%，远超全国48%的平均水平。但自然灾害频发，北部易旱，南部常涝。

2008年1月，安徽省第一家法人保险机构、全国第四家专业农业保险公司国元农业保险股份有限公司开业。短短不到5年时间，它已为全省90%以上的种植面积提供了保险保障。2012年10月底，适逢国务院常务会议审议通过《农业保险条例（草案）》，《中国保险报》总编辑于华一行走访了国元保险。

5年前，国元保险董事长张子良一直从事证券、投资工作，和保险没有一丁点关系。5年来，他艰苦创业，让国元保险从无到有，从小到大。5年后的今天，说起农业保险，他侃侃而谈，对“三农”的热爱之情溢于言表。

张子良

国元农业保险股份有限公司董事长

张子良先生，1964年11月生，经济学硕士，高级经济师。现任安徽国元（控股）集团公司党委委员、副总经理，国元农业保险股份有限公司董事长。

曾任安徽省财政学校教研办副主任，安徽省信托投资公司国际业务部首席外汇交易员，安徽省信托投资公司合肥宿州路证券营业部总经理，安徽省信托投资公司副总经理，国元证券公司董事、副总裁，国元集团副总经理，国元农业保险股份有限公司筹备组组长等职务。

2006年起，牵头负责筹建成立了全国第四家专业农业保险公司、安徽省第一家保险法人机构——国元农业保险股份有限公司。

2008—2010年，公司连续三年荣获“全省金融工作最佳贡献奖（一等奖）”，连续两年荣获“全省金融产品创新先进单位”称号。

【于华】国元保险的发展，可以看做是近年我国农业保险发展的一个缩影。请简要介绍国元保险的发展情况。作为保险服务“三农”历史的亲历者和见证者，您认为农业保险给“三农”带来了哪些实实在在的好处？

【张子良】2008年7月，国元保险开出种植业第一单，当年承保农作物1515万亩。到去年底，公司承保的种植面积已超过1亿亩，达安徽省种植面积90%以上，基本的大宗农作物实现全覆盖。和其他全国性专业农险公司相比，农险业务发展速度是比较快的。

此外，目前公司开展试点的农险品种达到44个，除中央、省级财政补贴的水稻、小麦、玉米、棉花、油菜、大豆、能繁母猪和奶牛等8个品种外，还包括蔬菜、茶叶、果树和农村小额信贷保险等36个特色品种，以及农房、农民人身意外保险等涉农险种，覆盖农户1200万户，每年提供的风险保障达到300多亿元。

说到农业保险的好处，最好的体现应该是在大灾赔付时。4年多来，公司累计赔付30亿元，超过农户自缴保费的3倍。比如，2010年皖南发生内涝，安庆和池州地区受灾严重。2010年池州地区的保费收入才2000多万元，但当年赔款超过了8000万元。

农业保险能够帮助稳定粮食生产、调动农民种粮积极性。更为重要的是，我认为农业保险能够促进土地流转，甚至优化农村产业结构。

【于华】怎样理解农业保险还有促进土地流转和优化产业结构的功能？

【张子良】我们简单来算一笔经济账：假如一个种粮大户承包了1万亩地，在正常情况下，一季水稻一亩产量为700公斤，国家每年以10%—15%的比例提高收购价格，现在每斤水稻卖到1.3元。这样算下来1万亩地一季水稻的毛收入不低于1500万元。而该种粮大户的成本主要分为两部分：一部分是土地流转费用，最多500万元；另一部分是种子、化肥、农药等生产资料费用，不超过500万元。所以种植1万亩水稻一季的纯利润不低于500万元。

目前安徽土地流转面积已达到20%，也就是说，种植面积20%是由种植大户来经营。尽管农业抗灾能力显著提高，但气候变化越来越异常。出于对自然灾害的担心，如果没有保险，种粮大户不敢轻易扩大种植面积。有了农业保险保成本，农民有底气东山再起，客观上稳定了多年土地流转的成果。

此外，如果政府想推广一些附加值高的农业产品，给农民加个保险，就能让农民安心，逐步达到调整产业结构的目的。

【于华】国务院近期通过了《农业保险条例（草案）》，这个行业期盼已久的条例，是否会给农业保险带来一次新的发展契机?

【张子良】全国农业保险已进入从量变到质变的新的发展阶段，《条例》的出台适逢其时，为农业保险的健康稳定可持续发展提供了法律保障。

长久以来，对农业保险的定性存在两种不同的观点，一种强调政策性，一种强调市场化。我认为，做农险一定要搞清楚出发点：农业保险的根本目的是扶持“三农”，调动种粮积极性，保护农民利益，增加农民收入。因此，农业保险不等同于一般的商业保险。农民不是保险公司盈利的对象，这是农险政策的立足点。

一般来说，土地所处的位置不同，导致了风险程度不同，比如低洼地区和沿江地区特别容易受到涝灾，风险更高。商业保险可以根据风险程度来确定是否承保、设置投保门槛等，但农险不能太计较，风险程度高的地域恰恰最需要保险。

此外，长期和农业打交道的人都知道，农业上的损失是以“成”来计算的，损失到底是29%还是30%根本算不清。如果是商业保险，为了追求精细化，投保户和商业保险公司各算各的账，在赔偿金额上斤斤计较。但是做农险不同，不要和农民太计较，从承保到理赔都不能太计较。如果不是从根本目的出发，农险肯定是做不下去的。

【于华】做农业保险不仅要从服务“三农”的根本出发点出发，

为了适应现代化农业发展，也需要不断研发和更新农业保险的手段和技术。国元保险参与国家气象局“小麦种植天气指数保险”模型优化及应用推广科研，创新开发了一款天气指数保险产品。目前这款天气指数保险的实施情况如何？

【张子良】我们与联合国粮食计划署合作，研究开发了水稻、小麦种植天气指数保险产品，并建立了农业气象灾害评估及风险转移联合实验室，开展了县、乡、村三级专业化植保服务体系建设等试点工作。

农业保险有“三难”，即推动难、查勘定损难和服务难。天气指数保险利用标准化和精确的数据，很好地解决了查勘定损难的问题，是农业保险近几年一个创新亮点。2009年以来，在安徽长丰、芜湖、宿州等地进行了试点，积累了产品开发、运作机制、风险管控等方面的经验。

【于华】近期已有专业农险公司冲破区域限制，开始在全国布局。您最近到河南和山东调研，下一步国元保险是否也会将业务范围扩大，风险如何控制？

【张子良】从开业至今不到5年时间，国元保险在安徽省实现了全覆盖，经济效益和社会效益获得双丰收。我把成绩归纳为“天帮忙、政策好、人努力”。

下一步，我们打算将业务范围扩展到安徽周边的省份。这也是农作物品种的种植特点决定的——安徽北部的作物与河南、山东作物风险区划大致相同。同时，我们还将根据风险区划推行差别费率，努力将国元保险做成一家区域性创新型农业保险公司。

除了农业保险，目前国元保险也承保农房保险、农机具保险、农民意健险等险种，还承办了“新农合”业务。下一步，我们希望率先在中国成立一家农村人寿保险公司，承办农村的养老保险和医疗保险。未来，我们将依托完善的机构和网络，借助数万名协保员的力量，让国元保险更加全面地服务“三农”。

（《中国保险报》记者李画采写）

做专农险惠“三农”

——对话阳光农业相互保险公司董事长张天明

2013年6月18日，国务院批复了有关《黑龙江省“两大平原”现代农业综合配套改革试验总体方案》（以下简称《方案》），在“两大平原”开展农业综合配套改革试点。阳光农业相互保险公司有着14年农业风险互助实践所积累的大量数据、专业队伍和特色产品，是目前引领全国农业保险技术、产品和服务方向的专业公司之一。

作为黑龙江地区唯一一家保险法人公司，阳光农险在试点中将如何探索创新，如何在保障农业生产、促进农村经济社会发展中贡献力量？成立8年来，又有哪些农险经营经验可以分享？

7月，《中国保险报》总编辑于华赴黑龙江采访，在三江平原的垦区农场里与阳光农险董事长张天明就上述问题进行了探讨。

张天明

阳光农业相互保险公司董事长

张天明先生，1961年生，大学本科学历，高级会计师职称。现任阳光农业相互保险公司董事长。

毕业于黑龙江省委党校经济管理专业，2001年7月在北京大学进修经济管理专业，2004年10月在多伦多国际学院进修农业与农场管理专业。

1978年10月参加工作，历任黑龙江农垦普阳农场会计，哈尔滨贸易公司会计，黑龙江农垦普阳农场计财科副科长、经管部副部长、场长助理兼计财科科长，黑龙江农垦军川农场副场长，黑龙江农垦共青农场场长。

2005年7月任黑龙江农垦宝泉岭分局副局长兼党委委员，2009年12月任阳光农业相互保险公司总经理兼党委副书记，2010年5月任公司董事，2010年10月任公司董事长。

【于华】6月18日，国务院批复了《方案》。这项政策的出台，对阳光农险来说意味着什么？在支持“两大平原”的战略发展中，阳光农险将扮演什么样的角色？此外，在扶持农险发展中，您认为还需要哪些政策支持？

【张天明】国务院批复《方案》，确定在黑龙江先行先试，这无疑为黑龙江农业保险发展提供了难得的历史机遇和广阔的发展前景。黑龙江作为全国粮食主产区，在保障国家粮食安全方面处于重要战略地位，粮食增产、农民增收的任务还很艰巨，“两大平原”改革试验中前期的农业自然风险还很大。在此条件下，发展农业保险能有效分散和平抑农业自然风险，不但能增强农民再生产能力，而且改变了农民“三年致富奔小康，一年受灾全泡汤”的局面。

《方案》的实施给阳光农险提供了一个千载难逢的创新发展机遇。下一步，作为承办黑龙江省农业保险的专业公司，在省委、省政府的领导下，我们一定要牢牢抓住这次机遇，充分利用好这个平台，力争为提高农民收入、完善现代农业产业体系、创新农村金融服务提供更广泛的保险保障。公司将重点围绕创新农业保险产品、拓展农业保险服务领域、转变农业保险发展方式，设计、制定、实施指向具体、长效有力、协调配合的农业保险发展途径，保证“两大平原”农业生产风险可防可控，确保“两大平原”稳产、高产，在全国率先实现农业现代化，真正使“两大平原”成为国家稳定的粮食核心产区和可靠的“大粮仓”。

我认为，扶持农险发展还需要政府提供的政策支持主要有两点：

第一是完善农业再保险保障体系，探索建立农业大灾风险分散机制。针对国内农业分散风险需求不断扩大的现状，应逐步构建起多层次的、政府参与主导的农业巨灾风险分散体系，分阶段最大限度和最大范围分散风险，保证农业保险的可持续健康发展。

第二是完善税收优惠政策。建议对农业保险公司的经营盈余适当减税，并根据《农业保险条例》第九条要求，在对“两大平原”试验区内农业保险经营主体进行税收返还及逐步免除农业保险企业所得税和减免涉农险种税收上进行试点。

【于华】保险是风险管理的重要手段之一，在“保”风险之前的防“风险”也同样不可忽视。针对东北地区的特点，阳光农险在农险防灾减损机制上做了哪些探索，取得了哪些成效？

【张天明】阳光农险在经营实践中高度重视风险防范体系建设工作，探索建立了一套具有阳光农险特色、符合中国农村现状的风险防范体系。公司风险防范体系简单来说就是“保、防、救、赔”四个字，其中“防、救”是重点，“赔”是保障，这也是阳光农险风险防范体系的主要特色。我认为将“防、救”工作做好的意义，远大于事后赔付工作的意义。目前，保险的赔付额度基本保持在低于或接近农民直接物化成本，大部分地区还无法保证灾后赔付额度能够帮助农民直接恢复再生产能力，所以“防、救”工作意义重大。2012年，公司通过与省气象部门合作，及时通知农户提前做好对干旱、洪涝、低温、阴雨等自然灾害的防御。全年共组织增雨防雹作业1009次，消耗火箭764枚，炮弹26384发，累计防控面积3846万亩，预计减损增效5.16亿元，承担起了防灾减灾的社会责任。

同时，公司以稽核审计和合规检查为手段，以业务风险预警为支撑，以科学分保为主渠道，构建起灾前防范、经营防范、体制防范、外部防范、巨灾防范等五级风险防范机制。在具体工作中做到了五个坚持：一是坚持农险风险预警机制。通过召开风险研讨会，完善了种植业保险承保阶段防范风险的措施，做到能识别、会管控，提高了管理承保风险的能力和水平。二是坚持防灾减灾系统建设。公司累计投入8000多万元，建立了拥有133部火箭发射装置，284门高炮和36部雷达等设备，以人工增雨、防雹为主要内容的防灾减灾服务体系。近几年来，区域增雨受益面积累计达4亿多亩，合计减损增效20多亿元。三是坚持科学分保，提高风险分散能力。八年来，公司共支出再保险费用3.2亿元，先后摊回赔款9534万元，无赔款优待2169万元。四是坚持合规检查，围绕承保、查勘、定损、理赔等重点操作环节查摆问题，并逐一进行整改，推动了公司农业保险工作健康有序发展。五是坚持不断加大稽核审计查处力度，切实保障公司各项业务合规运行。

【于华】就您个人而言，生长在这块黑土地上，从搞农业生产转到做农业保险，您对农业保险的经营有哪些体会？阳光农险对未来发展的规划是什么？

【张天明】从书本上看，现代农业体系概念主要包括先进的农业生产系统、农业科技创新与应用系统、动植物疾病防控系统、农产品质量安全系统、生态保护系统及农业支持政策保护系统等。但我认为，一个完善的现代农业体系还应该包括现代的农业金融系统。黑龙江近几年的现代农业体系建设实践充分说明，现代农业发展离不开金融保险的支撑和保障。阳光农险成立以来，与黑龙江垦区的现代农业发展形成了相互依存、互相促进、共同发展的关系，垦区现代化大农业基础支撑保证了阳光农险的稳步发展，同时，农业保险的进步也推动了现代化大农业的发展。

我理解的农业保险发展的真谛是“知农事、懂农情、体农心”。在20多年的实践中，我们工作的内容是农业，地点是农村，对象是农民，我们的团队是最了解农村和农民需求的一支团队。所以，通过结合农村实际情况，公司在8年前就创新推出“三公开、三到户”，后逐步发展到与保监会要求相吻合的“五公开、三到户”。考虑到农村工作的复杂性，公司还建立了专家年景评估工作机制、四级核灾定损制度和秋后全面测产制度，采取科学手段开展核灾定损工作，保证了定损理赔的真实性和准确性。同时，及时将赔款全部以银行卡折方式零现金发放。此项流程体系是阳光农险通过多年实践创造出的“阳光模式”。该模式的建立是公司做优、做专、做好的重要基础，标志着公司有了自己的品牌效应。

目前，全国包括林业在内，还有40亿亩的可保面积。由于国家支持，社会各界关注，财政补贴力度不断加大，农民逐步认可，以及保险公司的承保经验不断积累、承保能力不断增强，我国农业保险面临着非常好的发展环境。同时，《农业保险条例》3月1日正式实行、《方案》开始试点，为公司发展提供了有利契机，下一步公司要把农业保险业务继续“做专、做优、做好”，力争在提高保险保障程度、扩大保险覆盖面、提供更完善的增值服务等方面实现突破，做出阳光农险的特色和标准，力争为中国农业保险事业发展作出更大贡献。

（《中国保险报》记者韩啸采写）

拓荒差异竞争　服务“彩云之南”

——对话诚泰财产保险股份有限公司董事长许雷

2010年以来，十余家地方性保险公司陆续筹建开业。这批新进入市场的地方性保险公司，一方面，依赖地方国有资本股东背景迅速崛起；另一方面，也力争通过差异化经营来服务当地经济社会发展。

2013年4月上旬，《中国保险报》总编辑于华走访了云南诚泰财产保险股份有限公司（以下简称“诚泰保险”），与该公司董事长许雷对话。许雷直言，诚泰保险虽然还只是一个新兵，但有自己的理想，希望走出一条与众不同的发展道路。

许雷

诚泰财产保险股份有限公司董事长

许雷先生，1966年10月生，经济学博士，现任诚泰财产保险股份有限公司董事长。

1988年7月参加工作，高级工程师、一级建造师。历任云南省第二安装工程公司一处副主任，云南建工集团总公司海南公司经理、海外部经理，云南中建工程公司经理，云南晨光房地产公司董事长，云南建工集团总公司总经理助理、副总经理，云南省投资控股集团有限公司副总裁、党委委员。

2005年4月至2011年6月，任云南省城市建设投资有限公司董事长、党委书记。

2011年6月至今，任云南省城市建设投资集团有限公司董事长、党委书记。

【于华】四川芦山地震发生后，建立巨灾保险制度再度成为社会关注的话题。我们了解到，云南省拟建立政策性地震保险制度，诚泰保险积极参与其中。我们对此很感兴趣，能否简单介绍云南政策性地震保险制度的推进情况？

【许雷】云南是我国大陆乃至全球现代地壳运动最剧烈、地震活动最频繁、地震灾害最严重的地区之一。全省84%的面积地震基本烈度在7度以上，是全国平均水平的两倍。20世纪，中国大陆23.6%的7级大震、18.8%的6级以上强震发生在仅占全国国土面积4.1%的云南省。统计数据显示，自1992年国家对地震灾害直接经济损失进行规范评估至2007年，云南因地震造成456人死亡，直接经济损失为120.74亿元，分别占我国大陆同期地震伤亡人数和地震直接经济损失的48.62%和49.96%。此外，地震滑坡带来的泥石流等次生灾害也十分严重，给云南经济社会带来了巨大的影响。在云南，甚至有一种说法叫做“无灾不成年”。

诚泰保险2011年年末开业，刚成立的新公司能力有限，但作为唯一一家总部设在云南的地方性保险法人机构，理应发挥自身专业优势，承担社会责任。2012年2月，诚泰保险与云南保监局、云南地震局，以及云南财经大学共同开展了地震保险课题研究工作。我们整合总部业管、精算、再保、资金运用等核心人员组成了专业团队，安排了专项项目资金，与国外专业经营巨灾风险的再保险公司、中介公司进行了接洽和谈判。目前正在设计和建立云南地震保险巨灾模型、设计地震保险巨灾准备金（基金）、发行地震转型债券、适时组建共保体等。

【于华】有目共睹，地方性保险公司大多拥有独特的地缘和人缘优势。但即使有强大的股东背景，与人保、平安等深耕市场多年的“龙头”公司相比，地方性保险公司竞争实力仍较弱。诚泰保险作为一家后来者，将如何实现市场突围？

【许雷】在筹备诚泰保险的时候，我们就积极研究应走一条什么样的发展道路。现在保险公司市场化程度已经很高了，特别是几大保险巨头经过几十年的积累，其品牌和服务影响力巨大，占有相当大的市场份额。一家新公司要生存和发展，感觉很不容易。对于诚泰保险来说，唯有走出一条和其他公司不同的道路，占领其他公司还未关注的市场，拥有自己的拳头产品，才能具备核心竞争力。

刚才谈到了诚泰保险积极参与推进地震保险制度建设，事实上，承保巨灾风险，不仅让我们有机会服务当地经济社会发展，也为公司走出一条差异化发展道路提供了契机。

在“差异化竞争”的经营思路下，诚泰保险将目光锁定云南邮政，积极探索“邮保”合作模式。首先，针对邮政传统的邮包保价和邮资折算赔偿偿付能力不足的情况，我们专门设计一款专属产品“邮包险”，这款产品将提升邮政公司在物流领域的核心竞争力。后续还将与邮政深度合作，继续开发机动车保险、企业财产保险、货运险、责任险和意外险等。诚泰保险刚成立不久，服务网络是短板，通过与云南省邮政公司签订战略合作协议，由传统代销方式变为将双方的资源优势整合起来，实现优势互补、互利共赢。

云南省蕴含丰富的旅游资源，雪山、草地、热带雨林，以及喀斯特地貌应有尽有，自然景观美不胜收。云南地区还聚居了26个民族，少数民族能歌善舞，民族风情浓郁。近年来，到云南旅游的人越来越多，2012年达到了2亿人次。但每年中巴车事故率较高，出事后，政府需要花费巨大的代价才能平息事件。诚泰保险针对云南旅游市场的特殊需求，开发出全省旅游组合保险、省政府公务用车保险、昆明长水国际机场保险等特色产品，提供专业化的保险服务。

随着经济社会发展，合同纠纷越来越多，法律关系也越来越复杂。但按照现行法律规定，弱势群体起诉要先保全财产，必须要有同等的财产作抵押，因此很多人打不起官司。诚泰保险在全国首先开发了一款财产保全责任保险，已在云南省中院开始实施。通过财产保全责任保险，绝大多数案件当事人可以利用保全制度来保障自身的合法权益。这款产品对保护弱势群体、维护司法公正，以及维护社会稳定意义重大。此外，我们也配合政府履行社会管理职能，专项开发咖啡种植保险、林木火灾保险等特色产品，服务“三农”经济。

【于华】财产险市场的竞争日趋激烈，综合成本率不断攀升。诚泰保险作为市场主体之一，如何看待这种竞争态势?

【许雷】云南财险市场去年保费规模为129亿元，效益在全国水平位置偏上。但跟全国一样，云南财产险综合成本率不断上升，赔付率也在升高。这说明云南保险主体在业务的选择上有逐步放松的趋势，有些险种明显亏了，为了规模还要去做，导致效益有所下降。降低费用、压低成本等无序竞争，不是财险市场健康发展之路。

可以说，诚泰保险从一出生就面临严峻的考验。诚泰保险2012年原保费收入4100万元，分保费收入1.2亿元。业务结构中60%为车险，40%为责任保险和财产保险，其中意外险和责任保险居多。但正如上面所谈到的，从一开始，诚泰保险就决定走一条特色化道路，将总部优势充分发挥出来，特别是在产品创新方面，避免与同业在车险领域展开肉搏战。刚才提到的几个特色产品和差异化服务，将帮助诚泰保险获取很高的经济效益。

诚泰保险的发展愿景是要成为一家金融控股集团公司。但路要一步一步走，开始最重要的是要把财险基础打牢、业务做实、品种做出特色，拒绝垃圾业务，实现盈利。没有规模、实力和品牌，对未来发展的蓝图都是空谈。我们希望能够实现3年时持平，4年时盈利。

（《中国保险报》记者李画采写）

服务地方经济　追求“特、精、专、优”

——对话锦泰财产保险股份有限公司董事长邓明湘

近年来，随着谋求“区域性金融中心”成为各地方政府的新战场，保险业迎来一波地方性保险公司的扩容潮。总部位于四川成都的锦泰财产保险股份有限公司（以下简称“锦泰保险”）就是其中之一。

四川省正在打造西部金融中心，锦泰保险的成立填补了该省没有保险法人机构的空白。经过两年的发展，锦泰保险与四川经济发展的融合渐入佳境，服务地方经济的成果渐显。2013年7月初，《中国保险报》总编辑于华与锦泰保险董事长邓明湘进行了对话，探讨地方性保险公司的发展之道。

邓明湘

锦泰财产保险股份有限公司董事长

邓明湘先生，1962年12月生，大学本科学历，高级经济师。现任锦泰财产保险股份有限公司董事长。

1983年从西南财经大学毕业以来，长期从事金融工作，先后担任中国人民银行汶川干部学校教师、人民银行阿坝州分行和凉山州分行调研室负责人，凉山州城市信用社股份有限公司总经理，成都市商业银行副行长，成都投资控股集团有限公司总经理，其间兼任成都金控信用担保有限公司和成都金控小额贷款股份有限公司董事长。

2010年，出任四川首家本土法人保险公司——锦泰财产保险股份有限公司负责人。

2011年3月15日至今，任锦泰财产保险股份有限公司董事长。

【于华】四川省正在打造西部金融中心，作为根植四川的财产险公司，锦泰保险对自身的定位是什么？您如何看待地方性保险公司在服务地方金融建设中的作用？

【邓明湘】作为首家总部设在四川成都的全国性法人股份制财产保险机构，锦泰保险从2011年2月成立之时就将自身定位与四川省打造西部金融中心的建设规划紧密结合，力争建成西部金融中心的重点骨干企业，强有力地支持、服务西部金融中心建设。

锦泰保险要支持好、服务好西部金融中心，就必须做大做强，包括面向全国乃至全球吸引并集聚人才、资金、信息。这对于西部金融中心扩大智力资源储备、优化资金运用策略、增强信息资源利用等，无疑大有裨益。当然，衡量金融中心的一项重要指标是金融业产值在地区生产总值中的比重，锦泰保险也将持续着力加快业务发展，增强对四川金融业的产值贡献。

地方性保险公司服务地方金融建设的重要作用表现在方方面面。首先，有利于丰富地方金融服务体系。以四川成都为例，在锦泰保险成立前，三大金融行业中已有银行、证券在本地设立了法人金融机构，但唯独没有保险，锦泰保险的成立则填补了此项空白，强化了四川西部金融中心建设的总部经济特征。其次，有利于形成金融业在支持地方建设中的集聚效应。地方性保险公司根植于本土，依靠地缘、文化等优势，更容易与本地的银行、证券等金融行业形成资源共享、优势互补、协作发展的多赢格局，共同服务于地方金融业的发展壮大。

【于华】锦泰保险用一年左右时间在成都市所辖全部区县设立了支公司。此前有报道称，锦泰保险打算用3—5年的时间，使分支机构基本覆盖西部和全国重点城市。目前，锦泰保险设立省外分支机构的进展如何？锦泰保险在全国范围内的扩张路径，具体是如何规划的？

【邓明湘】锦泰保险把机构建设作为一项战略性重点工作加以推进，确定了“根植成都、立足四川、依托西部、面向全国”的机构发展路径。公司成立初期，我们在成都所有郊区市县都成立了支公司，形成了覆盖成都全域的机构网络。2012年，公司全面启动了四川省内市州机构建设，到年底，在除成都外的20个市州中，已设立乐山、凉山、攀枝花、德阳、泸州、广元、广安、南充、绵阳、眉山、内江、自贡、达州等13家中心支公司，今年计划还将建立3家省内中心支公司，并在符合条件的市州建设多家县级支公司，为做深做透四川市场提供支撑。

在此基础上，锦泰保险准备向全国拓展，在省外设立分公司。一方面是希望进一步拓展公司的发展空间，另一方面也是出于分散风险的考虑。四川盆地是我国自然灾害多发区之一，若公司的机构和业务高度集中在省内，不利于风险的分散，而出省发展则可以在一定程度上分散风险，提高公司的风险抵御能力。

在机构建设过程中，由于西部地区文化相似，管理半径相对较短，我们将拓展重点首先放在西部，目前正着手准备在贵州和陕西设立省级分公司；而在中部和东部地区，锦泰保险将选择有代表性的省份设立机构，以对人才引进、信息收集、品牌打造等重要工作发挥更好的牵引作用。

为促进省外机构的健康发展，锦泰保险将按照差异化发展战略，鼓励和引导省外机构找准自身定位，结合当地需求，打造特色渠道、特色业务，在某一个或几个领域建立竞争优势，实现业务突破，提高公司的知名度和影响力。总公司也将根据省外分公司的不同特点，在资源配置、业务政策上加以区别指导与扶持；同时，总公司将加大产品创新力度，将特色产品逐步推广到省外机构。

【于华】作为刚刚成立了两年的新公司，锦泰保险尚未实现盈利。目前，财产险行业盈利能力普遍有所下滑，这是否会对锦泰保险的盈利时间表造成影响？

【邓明湘】按照公司第一个五年发展规划，在保持业务高速增长的基础上，锦泰保险将在2015年实现盈利，从现在经营情况看，我们有信心也有能力如期实现盈利目标。

2011年以来，国内产险行业整体综合赔付率有所上升，这给公司发展带来了一定压力。但我们始终相信，付出就会有回报，有为就会有位。公司结合自身实际推出了应对措施：

第一，全面推行精细化管理，加强对客户类型的甄别，对业务进行细分并制定差异化的承保策略，强化风险识别能力，提升业务品质；建立完善理赔体系，在充分维护客户合法权益的前提下，严格管控理赔流程中的各个环节，降低赔付率水平。

第二，坚持特色化经营，努力发展新业务，构建新的利润增长点。2012年，公司启动了农险项目，作为唯一的经营主体，承担了成都市首例特色蔬菜的承保工作，因地制宜推出了适合成都蔬菜种植的保险项目，保障范围覆盖成都地区的主要自然灾害及蔬菜特有的病虫害。此项蔬菜保险覆盖地域包括11个区市县的77个乡镇，参保户数达4.7万户。今年年初，锦泰保险取得了全省政策性农险经营资格，目前农险项目也已推广到绵阳、眉山等省内其他市州，同时，公司还将在今年推出蔬菜价格保险，纳入价格保险范围的蔬菜包含莴笋、空心菜、花菜、番茄、茄子、青椒、中国芹菜、韩国萝卜、莲花白、黄瓜等10种，农险保费收入有望实现较高增长，这也将进一步提高公司对农业生产的保驾护航能力。除农业保险外，公司还积极探索开展保证保险。未来，公司力争将车险等传统业务、农业保险、保证保险打造为三大支柱性业务。通过发展新业务，锦泰保险的盈利能力也有望得到显著提升。

第三，加强全面预算管理，实现资源配置的标准化和差异化，尽可能提高资源利用率，抓好成本管控，并切实加强对行政费用的日常管理，厉行勤俭节约，做到“开源”与“节流”并举。

第四，把加强投资管理作为减亏的重要手段。自去年以来，我们进一步加强了专业人才队伍建设，积极创新投资管理方式，在前期主要采取委托投资的基础上，积极开展了货币基金、信托计划等自行投资项目，近两年公司的投资收益率均高于行业平均水平，今后我们还将进一步优化投资产品组合，充分发挥投资对公司效益的提升作用。

【于华】近年来，保险行业迎来了一批与锦泰保险类似的、由地方政府牵头、地方大型国企及上市公司为股东的地方性保险公司的扩容。您认为，地方性保险公司发展的优势及可能遇到的瓶颈是什么？您如何看待此类保险公司在整个保险行业中扮演的角色及未来的发展态势？

【邓明湘】从优势上来看，在地方政府关注和支持的背景下，地方性企业植根于地方，熟悉当地市场，有利于结合本地市场的需求开发有针对性的保险产品。作为地方性保险公司，也容易得到地方人民的情感认同与支持。同时，地方性保险公司目前体量普遍不大，而其灵活性、适应性、创新性都很强，可以在较短时间内适应市场变化，调整应对策略，做出自身特色，进而弥补相较于大公司的不足之处。

当然，地方性保险公司的发展也受到一些因素的制约。一是风险分散的问题。在当前保险市场主体数量较多、竞争较大的情况下，如果地方性公司的规模难以做大，将不利于分散风险和分摊成本。二是品牌知名度的问题。品牌是影响保险消费者购买行为的重要因素，地方性保险公司虽然在本省具有较高的知名度，但在面向全国推广的初期，面对众多的竞争品牌，其影响力将被稀释，如果缺乏产品特色或价格优势，想要提高品牌知名度，将更是举步维艰。三是人力资源的“瓶颈”。我国保险公司总部一般位于北京、上海、深圳等东部城市，而近年新成立的地方性保险公司主要集中在中部和西部城市，相对于东部，其对优秀保险人才的吸引力还有待增强。

地方性保险公司的成立，有利于丰富我国保险行业类型结构，这些公司可以发挥拾遗补阙的作用，积极介入保险领域尚未开展或开展尚不理想的业务，争取开发出新的市场、新的效益。随着我国保险需求的稳步增长，地方性保险公司也将迎来更为广阔的成长空间，但面对大公司积蓄的多年的发展优势，地方性保险公司也不能简单地铺摊子、做规模，而是要在“特、精、专、优”等方面做好做深，以扬长避短、构建特色，只有这样，才能进一步增强自身的竞争能力，赢得更美好的发展前景。

（《中国保险报》记者高嵩采写）

保险长远计　责任须先行

——对话长安责任保险股份有限公司副董事长刘智

2012年全国保险监管工作会议召开之后，各家保险公司都在以各自的方式，紧锣密鼓地贯彻落实会议精神。长安责任保险股份有限公司独出心裁，先是召集省级分公司“一把手”来京开会，围绕学习保监会主席项俊波讲话，集中讨论保险责任问题。接着，该公司党委书记、副董事长、时任总裁刘智连续几夜思考写作，印成了一本《十谈建设保险责任文化》的内部小册子，10篇文章每篇配五言诗一首、漫画一幅。中国保险报业股份有限公司董事长赵健得知此事，先后于2月3日和26日与刘智交流，双方就共同感兴趣的保险文化建设问题进行了对话。

刘智

长安责任保险股份有限公司副董事长

刘智先生，1955年5月生，现任长安责任保险股份有限公司党委书记、副董事长。中国社会科学院研究生院法学专业硕士毕业。中国土木工程学会常务理事，北京市东城区党代表、区政协委员。

1974年在湖北大悟县插队，后调至湖北人民广播电台任编辑；1981年在湖北省委宣传部工作；1985年任华中科技大学教研室主任；1990年任人民日报社主任编辑、《中国质量万里行》杂志副总编辑，中国质量万里行组委会主任助理、办公室主任；1997年任长安保证担保公司总裁、党委书记。

1997年着手筹建长安保险公司，先后任筹建领导小组、筹备组领导小组副组长及筹备组主任；2007年任长安责任保险股份有限公司总裁、党委副书记。

在保险行业从业期间，专注于工程质量责任保险、食品安全责任保险的发展。牵头举办了“中国食品安全责任保险高层研讨会”，在社会上产生很大反响；积极推动“引入保险机制加强食品安全”专项调研工作，调研成果得到国务院有关部门、保监会的高度重视；积极开展食品安全责任强制保险制度试点工作，在业内称为“青州模式”。

2012年获评“中国保险年度人物”。

【赵健】长安责任保险贯彻全国保险监管工作会议的精神，将公司年度工作会议开成了“责任文化”的专题研讨会，很有创意。我读了您的《十谈建设保险责任文化》，富有哲理，深入浅出；诗配漫画，别开生面。您将保险行业文化凝练成“责任”二字，发人深思。为何您要把“责任”看做是保险行业文化的核心价值理念？

【刘智】项俊波主席在全国保险监管工作会议上明确提出“抓服务、严监管、防风险、促发展”的12字保险监管新思路，其中特别将“抓服务”放在优先位置，以此着力改善保险行业形象，同时强调要加强保险文化建设，提高行业发展的软实力，这是抓住了行业发展的“牛鼻子”。如果说，文化是人的人格及其生态的状况反映，那么，保险文化则是保险人的人格及其生态的状况反映。我认为，从建设保险文化入手促进保险行业健康发展，可以起到“四两拨千斤”的作用。

我们应从四个层面理解文化的概念。第一是物态文化层面，指物质文明构成的结果。从保险文化物态来看，如保险产品、保险活动、《中国保险报》等以物质结晶形式表现出来的都可算做物态文化。第二是制度文化层面，包括各种规范、制度等。第三是行为文化层面，包括主动行为、习惯行为和潜意识行为等。目前的理赔难和销售误导现象，也可看做是非主流保险行为文化的表现。第四是心态文化层面，包括人的心理、思维模式和价值观等。

文化是一种客观事实，无所谓好坏之分，不带任何价值判断，我们必须承认文化的存在。保险文化也是一种客观事实，它包罗万象，是人类保险活动所有物质文化和精神文化的总和。无论是保险物态文化、保险制度文化、保险行为文化，还是保险心态文化，都可以用“责任文化”这个母概念来加以诠释。

此外，也可以更直观地来理解“责任是保险文化的核心价值理念”。一方面，保险秉持最大诚信原则，是“一纸承诺”的无形商品，没有使用价值，只是对未来可能发生风险损失索赔的可兑现期权；另一方面，保险天然具有服务功能，不仅应体现在出险后的赔付，还应体现在不出险时的风险防范、风险教育和风险规避。因此，保险的核心是一套系统的承诺和服务所构成的责任。

【赵健】按照您对文化的理解，保险责任文化是一种基础的客观存在，也是保险行业的核心价值理念。那么责任文化是如何对保险业的发展产生影响的?

【刘智】古典经济学鼻祖亚当·斯密认为，责任是社会分工的结果。照此逻辑，保险是人类金融活动分工的结果，保险承担了金融活动中风险保障的责任。人和组织都不是万能的，选择分工、重视责任是人性趋利避害的本能，分工与合作能够带来最大的效率，创造最大效益。因此，从理论上讲，要创造最大的利益一定要承担最大的责任。但在现实的经济和社会活动中，往往产生了悖论，即手段和目的出现异化。没有承担最大责任，当然也创造不了最大的效率和利益。

过去30多年，中国保险业抓住战略机遇期超常规发展，大多依靠外延扩张、争抢资源、拼夺数量、跑马圈地、规模至上、保费冲动，路径粗放。中国保险业过去30多年是在补课、补历史欠账。市场发育太快，“萝卜快了不洗泥”，必然带来种种不协调。保险企业无暇顾及取信于消费者认可的责任，因此创造最大的效率也无从谈起，最大的利益更是无源之水。正是这个原因，我们可以清晰地看到，责任的缺失，让保险业存在的问题逐渐显现出来。

【赵健】既然我们已清醒地认识到，保险业服务薄弱、形象欠佳等诸多问题，都可以追溯到责任缺失这个病因，那么，我们应该怎样发挥责任文化的积极作用，去引导和促进保险业的改革与发展呢?

【刘智】首先要明确改革要“改什么”。正如上述所言，从与消费者签保单开始，就意味着保险企业承担责任的开始，由于行业对“责任”的基础认识不够，导致行业发展不能发挥最大效率，因此，改革首先便要回归到对责任的唤醒。

接下来要解决“怎么改”的问题。党的十七届五中全会提出了“改革顶层设计”，全国保险监管工作会议要求“加强保险监管体系顶层设计”，保险行业的改革同样也需要“顶层设计”。这是因为，渐进式改革在解决旧问题时会带来新问题，最后会出现“旧改新不改，最后改回来”“好改的都改了，难啃的被搁置起来”等尴尬困境，所以改革必须迈过从浅水滩到深水区这道坎儿。

因此，在行业重拾责任文化之时，必须要将物态层面、制度层面、行为层面，以及心态层面综合起来，不能“头痛医头、脚痛医脚”，要加快对行业的改革做出全局性的“顶层设计”，推动保险行业不断往前走。

【赵健】加强保险服务，履行保险责任，责任在保险公司，也在保险监管。但作为保险市场主体，保险公司更应义不容辞，勇担责任。在目前行业超过150家保险公司中，冠有“责任”之名称的只有长安责任保险一家。您怎样看待“责任”在一家微观市场主体中发挥的作用？

【刘智】长安责任保险从1994年筹建到现在已整整18年。作为公司的创业者，我找不到任何一个比“责任”更确切的词语来阐释公司创业的动力和源泉。2007年，长安责任保险获批开业，成立之初以“责任重于泰山，保障始于长安”作为公司宣传口号。2009年，提出将长安责任保险打造成一个百年老店。2012年，全国保险监管工作会议后，长安责任保险又正式提出“积聚百年动力、打造百年长安”，作为长安保险责任文化建设的基本纲领。如果说长安责任指的是业务范围定位，是讲“做事”，那么责任长安的本义则是承担责任，是讲“做人”。“责任”二字，是长安责任保险差异化竞争最为珍贵的利器和软实力。

【赵健】您在《人民日报》工作多年，曾参与策划了“中国质量万里行”活动，由此萌生引入质量保证、责任保险机制的志向并为之努力至今。现在您作为长安责任保险公司的法人代表，又在百忙中撰写“十谈”文章倡导保险责任文化建设。我们真诚地希望保险业更多一些像您这样富有文化涵养和责任意识的高级管理人员。《中国保险报》拟将您的“十谈”公开连载，并由此启动“保险责任文化行”活动，对此您有何看法?

【刘智】正如我愿。从去年起，业内关于加强保险文化建设的呼声日趋高涨，保监会主席项俊波履新后，特别强调保险文化建设的重要性。在历史的转折点和一个新的发展机遇期，行业必须解决为什么做保险、怎样做保险、扭转行业社会形象、从业人员价值取向和职业奋斗的终极目标等问题。有鉴于此，我结合自己从业十多年的经验和感悟，专门撰写“十谈”，希望能为深入贯彻落实全国保险监管工作会议精神建言献策。《中国保险报》以此启动开展“保险责任文化行”活动，将会吸引更多关心保险业健康发展的各界人士，为具有极大社会意义的中国保险责任文化建设敏于思，成于行。果能如此，则善莫大焉!

（《中国保险报》记者李画采写）

与中国保险业一起共创未来

——对话美亚财产保险有限公司董事长柯瑞江

2012年，对于美亚财产保险有限公司（以下简称“美亚保险”）来说是不平凡的一年。正值回归中国市场的第20个年头，彻底摆脱金融危机债务阴影的美亚保险涅槃重生，宣布重新启用AIG品牌。

2012年，对于在中国市场发展的外资保险公司来说也是里程碑式的一年。随着外资保险公司获准经营交强险，中国保险业在加入世界贸易组织的11年后，终于迈入向外资保险公司全面开放的阶段。

正值历史的交界点，12月，《中国保险报》总编辑于华走访位于上海的美亚保险总部，在与董事长柯瑞江（John Joseph Carey）的对话中，美亚保险作为中国首家外资保险公司在中国市场过往及未来的发展路径被勾画开来。

柯瑞江

美亚财产保险有限公司董事长

柯瑞江（John Joseph Carey）先生，毕业于中康州州立大学，获理学士学位。2012年1月起，任美亚财产保险有限公司董事长。

历任AIG咨询机构基层和总部的各级职位，曾担任American International Underwriters防损工程部门的董事、总裁，美亚琪商务咨询（北京）有限公司高级副总裁兼首席执行官。

2008年9月至2012年1月，任美亚财产保险有限公司董事、总裁兼首席执行官，其间提出了拓展业务、增加盈利、客户至上、一流服务、互相尊重、团队合作的理念，积极推动各项工作的发展，带领公司实现成长目标。

在建立AIG全球防损工程业务方面扮演了重要角色，这一业务部门是AIG开发并维续业务机会的强有力支持。曾领导了AIG与中国人保财险合作项目，建立了健康意外险的业务合作。

【于华】正值AIG回归中国20年，日前，美亚保险宣布重启AIG品牌，这会对美亚保险未来在中国的发展带来哪些影响？

【柯瑞江】2008年，AIG集团深陷金融危机，我在美亚保险就任总裁的第一天也是美亚面临巨额亏损的第一天。在金融危机刚开始的时候，很多公司都认为它们可以接管AIG，但我们的团队在危机的时候专注于对美国政府的承诺，坚定信念，众志成城。让我感到高兴和骄傲的是，4年后的今天，我们已经摆脱了金融危机造成的债务困扰，除了完全偿还了美国财政部1823亿美元的财务援助资金外，还为美国政府贡献了150亿美元的盈利。

现在，我们在全球范围内重启AIG品牌，着眼于未来的发展，我们的口号是“共创未来”，要成为被客户、合作伙伴、股东认可的最有价值的保险公司。

在中国市场上，美亚保险一直坚持着特色发展，未来也将如此。我们将继续在强势领域，如责任险、海运险、能源险、海外建筑工程以及意外健康险等积极拓展，并保持市场领先地位。同时，开拓新的业务增长点，并进行地域及客户群体的扩张。

【于华】回归中国市场20年，您对美亚保险在中国市场的发展速度及盈利情况是否满意？美亚保险在中国市场保持领先依靠的是什么？

【柯瑞江】20年前，美亚保险是中国唯一一家外资财产险公司。尽管20年间越来越多的外资公司进驻中国，但在20年后，我们仍旧是中国市场上最大的一家外资财产险公司——这也是我们矢志不渝的目标。回顾美亚保险在中国市场20年的发展，既是一个学习中国市场的过程，也是将经验带入中国市场的过程。美亚保险为中国市场引进了很多保险产品及国际化标准，已经成为中国保险市场的有机组成部分。

美亚保险一直致力于在中国市场的长远投资，期待与中国保险市场一起成长。在盈利问题上，美亚保险做得很好。盈利是我们的底线，是美亚保险公司文化的一部分。当然，这也是我们能够得到保监会批复设立分支机构的原因之一。

2012年是美亚保险注重利润的一年，我们修正了一些产品，使其在注重规模增长的同时，更注重盈利能力。除此以外，我们还致力于地域的扩展，在南京开设了江苏分公司的同时，已获准开设浙江分公司，并预计于明年一季度开业。

一直以来，美亚保险重视盈利，但更重视服务的质量，这也是我们在中国市场上的优势之一。对美亚保险来说，销售的保单就是我们对客户的承诺。美亚保险为客户提供“快捷/Fast、公道/Fair、贴心/Friendly”的“3F”理赔服务，广受客户的认可。高质量的服务也让我们与客户形成良好的互动关系，让我们能够走得更远。举个例子来说，在利比亚动乱的时候，美亚保险有个客户的员工在那里，我们派了自己的专机疏散滞留的人群，救助了客户的员工和其他受困群众。同样，在旅游意外方面，如客户在俄罗斯遇火灾或在巴西遇难，我们都可以提供全球范围内的相应救援服务。

【于华】目前，外资财险公司的交强险陆续开售，美亚保险也在积极筹备中，您如何看待中国交强险开放对外资保险公司发展的影响？美亚保险在交强险业务上的定位和发展策略是什么？

【柯瑞江】交强险对外资开放，对外资保险公司来说是个十分利好的消息，是一个很大的前进。此前，中资保险公司和外资保险公司在不同的领域展开竞争，而现在双方可在相同的领域开展竞争，这对外资保险公司的发展带来很多机遇。

中国车险市场很大，美亚保险在寻找合适的方式进入。与一些产品责任险、董事责任险等特殊金融类保险等不同的是，在中国的车险领域，美亚保险肯定不是第一个进入的。所以，我们的专注点是致力于提供更好的服务。交强险的价格相对来说比较固定，各家公司之间比拼的就是服务。目前，我们围绕这一点已经做了很多的计划，并对系统做了很多的投入。

美亚保险期待在车险市场上寻找不同的竞争点，我们将更加侧重对驾驶员的安全教育，使我们能够区分于市场上的其他竞争者。此外，由于AIG在全球有很多车险的业务，美亚保险将在对中国市场进行综合评估后，将国际上合适的经验带入中国市场。

【于华】您在中国的保险市场已经工作多年，如何评价国内保险市场的发展和未来的走势？

【柯瑞江】中国保险市场过去10多年以每年18%—20%的速度增长，10年间，整个保险市场扩张了10倍。本土保险公司已经成长为中国保险市场上非常重要的中坚力量。中国保险市场发展之迅速、变化之大，在世界上任何保险市场都极为罕见。

在中国保险市场的发展过程中，保监会做了非常了不起的工作，从刚开始的设置管理条例及办法，到管理在市场开拓过程中随之而生的风险，保监会与保险机构的相互配合，使中国保险市场在快速扩张过程中的风险都得到了有效的管理和控制。

未来，整个中国保险市场将是一个充满竞争的市场，表现在市场参与者不断增多，产品越来越丰富和复杂，保险经纪公司不断壮大，并对保险市场进行培育等。这些竞争对中国保险市场的发展将起到积极的推动作用，有竞争才能有更好的服务。

（《中国保险报》记者高嵩采写）

中国建立地震保险制度应法律先行

——对话三井住友海上火灾保险（中国）有限公司董事长伊藤幸孝

2013年4月20日，四川芦山发生7.0级强烈地震，又一次拷问中国巨灾保险制度。历经多年，中国的巨灾保险制度依然在十字路口徘徊。而与我国一海之隔的日本早在上世纪60年代就建立了地震保险制度。作为日本最大的财产险集团MS&AD保险集团的核心企业，日本三井住友海上火灾保险公司（以下简称“三井住友海上”）参与了日本地震保险制度的建立和运行，是其中重要的一支力量。

5月，《中国保险报》总编辑于华与三井住友海上火灾保险（中国）有限公司（以下简称“三井住友海上（中国）”）董事长伊藤幸孝进行了对话，就地震保险的建立及外资公司在中国的发展等问题进行了探讨。

伊藤幸孝

三井住友海上火灾保险（中国）有限公司董事长

伊藤幸孝先生，1983年毕业于日本庆应义塾大学，获学士学位。现任三井住友海上火灾保险（中国）有限公司董事长兼总经理。

1983年4月进入大正海上火灾保险公司（现三井住友海上火灾保险公司）工作至今。先后担任三井海上火灾保险公司上海代表处首席代表、三井住友海上火灾保险公司上海分公司副总经理、三井住友海上火灾保险公司国际业务部次长等职务。2008年担任业务监察部部长、2009年担任东亚印度本部部长。

2012年4月，担任三井住友海上火灾保险（中国）有限公司董事长兼总经理。因在中国工作9年，对中国国情及保险市场变化有着切身的理解和认识。

【于华】4月20日，四川芦山发生了7.0级强烈地震，造成了大量人员伤亡和财产损失。由于种种原因，中国的巨灾保险制度一直未建立起来。作为全球地震最为多发的国家，日本在地震等巨灾保险方面有着丰富的经验，日本的地震保险制度是怎样的？在建立之初，最主要的推动力是什么？

【伊藤幸孝】日本是一个地震多发国家，日本保险业长期对地震保险制度进行了研究。由于地震的不可预测性及巨大损失的特性，此前通常认为地震保险很难成为保险商品。直到1964年的新潟地震发生后，日本要求推行地震保险的呼声日益高涨。在日本政府和保险界的努力下，于1966年5月出台了《地震保险法》，地震保险制度才得以确立。

日本的地震保险是以保障受灾居民安定生活为目的，以居住型建筑及家庭财产为保险标的的保险。日本《地震保险法》对于地震保险中的保险公司、再保险公司、政府的行为都作了明确规定，形成了风险分担的地震保险制度。为了避免发生特大灾难时的巨额赔付，不仅对于投保人的居住型建筑和家庭财产设有上限，对于一次地震中政府以及保险公司支付的赔偿总额也设有上限，这样就有效规避了保险公司在巨大地震后出现因赔付能力不足而倒闭的风险。地震保险制度出台后，总支付上限几经修订，在2011年“3·11”东日本大地震发生后，日本政府提高赔偿总额上限至6.2兆日元。

【于华】您认为，日本的地震保险制度中有哪些值得中国保险业借鉴？目前，中国保险业想要建立地震等灾害的保险制度，最需要解决的问题是什么？

【伊藤幸孝】建立地震保险制度首先要对保险公司和政府职责、确立赔偿体制和支付限额进行规范和明确，规划制定地震保险框架，所以进行相关立法是十分必要的。日本官民一体的地震保险体制构架是值得中国借鉴的。

日本普及地震保险的几个措施可供中国参考，首先是差别化费率，在专业的地震调查研究数据的基础上，按地区对原来的地震保险费率进行更精确的调整。其次是对地震保险投保实施所得税减免制度，提升了国民投保地震保险的积极性。再次是快速定损、迅速理赔的服务。地震后，为了在短时间内对受害物件进行定损，保证受害者的相互公平，顺利完成定损，通常对地震保险负责补偿的损失按照损害的程度划分为三类：全损、半损、部分损。全损按照保险金额的100%赔付，半损按照保险金额的50%赔付，部分损按照保险金额的5%赔付。最后是建筑物的优惠制度。日本会根据建筑的建成年、抗震等级、免震建筑物、抗震诊断四类进行区分，根据建筑年和抗震性能进行10%—30%的优惠。

【于华】三井住友海上（中国）是最早进入中国保险市场的外资财产险公司之一，一直以稳健的经营风格在业内著称。您如何评价十几年来中国财产险市场的发展？三井住友海上（中国）在中国市场上的表现是否令您满意？

【伊藤幸孝】三井住友海上（中国）于2001年开始在中国经营财产保险，2007年，经过分公司改子公司后，成为现在的独立法人公司。几年来，公司先后成立了广东分公司、北京分公司、江苏分公司和苏州营销服务部、深圳营销服务部、上海营业部，在中国市场形成了6个网点的服务体系。

中国产险市场在过去的10年间一直保持着超过GDP增速的高成长率，10年间规模扩大了7倍。三井住友海上（中国）也与中国财产险市场共同成长，去年总保费规模突破10亿元。在子公司成立至2011年的5年期间，三井住友海上（中国）连年保持盈利，平均成长率为28.8%，超过了产险业界平均增长率。2012年，因中国经济减速、日本企业物流减少、多发的自然灾害等，总保费虽然比2011年增长11.2%，保持了两位数的增长，但遗憾的是利润出现赤字。

总的来说，三井住友海上（中国）的发展情况令人满意。中国作为一个巨大的消费市场，其重要性越来越大是不争的事实。未来，伴随中国经济的发展和成熟，新的风险会不断显现，也给保险业提供了更多机会。作为一家植根于中国的日资财产险公司，三井住友海上（中国）将与时俱进地调整经营策略，继续为客户提供“安心”与“安全”，不仅会提供适合客户的最佳保险产品，提供迅速、准确、细致、周到的理赔等服务，还会凭借我们长年积累的丰富经验和专业技术，在事故预防、业务持续发展等领域为客户提供高品质产品和满意的服务。

【于华】一般来说，外资保险公司在中国的子公司业务客户也多以本国的客户为主，三井住友海上（中国）的客户群体是怎样的？是否有计划进一步拓展中国的客户，其突破口可能在哪里？

【伊藤幸孝】2012年末，三井住友海上（中国）的日系客户占比为87%，非日系为13%，业务构成仍然是以日系业务为主，但作为扎根中国的外资公司，我们也非常重视非日系业务的开展。

MS&AD和三井住友海上的品牌在中国香港、中国台湾以及国际代理店中拥有相应的知名度，作为MS&AD保险集团核心企业的三井住友海上的中国子公司，我们会通过这个优势，在各营业网点上努力获得中小企业顾客群，满足客户的需求。

近年来，我们也通过加强与本土公司的合作来扩展在中国市场的影响力。2004年，三井住友海上（中国）开始与太平洋保险集团缔结战略合作关系，对公司服务网点是很强的补充。共同拓展车险4S市场是双方合作最为成功的领域。从2011年开始，双方合作的海上货运险的代理人业务也顺利展开。另外，在上海市委托太平洋保险的轨道交通网络运营安全评估项目中，双方也进行了成功的合作。

2012年1月和5月，三井住友海上（中国）分别开始在北京和上海销售商业车险。在去年5月交强险对外资开放后，我们向保监会申请了交强险的营业申请。现在，我们在系统开发、业务流程构建、业务员培训等各个方面都进行着周密准备。在具体策略上，我们将首先拓展日系企业的公司车辆，今后在经验和技术成熟之后，再考虑面向其他领域拓展。

（《中国保险报》记者高嵩采写）

发挥品牌优势　深耕直销车险

——对话三星财产保险（中国）有限公司董事长郑贤俊

2013年4月，第六张外资交强险牌照花落三星财产保险（中国）有限公司（以下简称“三星财产保险”）。由于此前已获准经营机动车电话营销专用产品，三星财产保险成为中国市场上第一家经营直销车险的外资财险公司。

在一个车险业务占据七成份额的财产险市场获准全面经营车险业务，对于三星财产保险来说，具有里程碑式的意义。目前，在这个国内市场上首家获得“分改子”牌照的外资财险公司内部，一场以此为契机的自我革新也正拉开大幕。

6月，《中国保险报》总编辑于华与三星财产保险董事长郑贤俊进行了对话。在对话中，三星财产保险在车险业务上的发展路径也逐步勾画出来。

郑贤俊

三星财产保险（中国）有限公司董事长

郑贤俊先生，硕士。现任三星财产保险（中国）有限公司董事长兼总经理。

1986年毕业于韩国建国大学，主修中文，获学士学位。其后取得北京大学光华管理学院工商管理硕士学位。

1988年加入韩国三星火灾海上保险公司，历任代理人营业部营业主管、北京代表处首席代表、人力支援部次长、海外业务部部长、三星火灾海上保险（中国）有限公司北京分公司总经理。

2009年3月出任三星财产保险（中国）有限公司董事长兼总经理以来，忠实、勤勉地履行公司经营职责，并在企业管理理念、制度流程、队伍建设等诸多方面大胆创新，为公司的持续、健康、稳定经营发挥了重要作用。

【于华】三星财产保险获批销售交强险已经两个多月，目前销售情况如何？三星财产保险对中国的车险市场有着怎样的预期？

【郑贤俊】三星财产保险于今年4月18日获中国保监会正式批复交强险经营资格。经过半个月的精心准备，5月2日正式上线销售交强险，目前承保、出单、理赔各业务环节进展顺利，业绩持续稳定增长。

早在2010年，三星财产保险就开始进入中国车险市场。通过3年的传统车险经营，我们已经积累了一定的车险经营经验，这对发展车险业务具有十分重要的意义。3年来，车险业务在整个公司保费收入中所占比重逐步扩大，车险专属的客户服务体系从无到有、逐步完善，车险员工队伍逐渐成熟壮大，这都为未来的公司车险业务的可持续发展奠定了良好的基础。

根据母公司确立的中长期经营战略及中国保险市场的发展节奏，三星财产保险进行了一系列内部变革，其核心是在内部大力推行革新文化，倡导变革理念。在企业文化、经营理念、组织机构、人员配置等方面进行了调整，设立了单独的车险事业部，持续加大车险的拓展力度。对于三星财产保险而言，这既是对市场机遇的积极反馈，也是一场自我革新和变化的开始。

数据显示，2012年，中国汽车保险市场规模约为4100亿元，占整个财产保险市场的74%。新车销量突破1900万台，相当于整个韩国汽车保有量的总和。预计到2020年，中国汽车总保有量将达到2.4亿台，车险市场规模也将达到1万亿元。这是一个规模极为可观的市场，给所有财险公司提供了足够的发展空间，三星财产保险十分看好中国车险市场的未来。

当然，外资保险想要在车险市场取得成功，还有很长的路要走。未来的车险市场在相当长的时间还是以中资为主的，市场格局不会因为外资保险的加入而改变。但是外资保险在车险的承保、理赔、服务等方方面面，可以将在海外经营的经验和服务手段引入中国，为中国车险市场注入新鲜血液。三星财产保险的母公司三星火灾海上保险株式会社是韩国第一大财产保险公司，有60年经营保险的历史。我们愿意将母公司经营车险的成功经验带入中国。

【于华】目前，中国交强险业务亏损，且车险市场一直被业内誉为竞争激烈的“红海”。面对这样的市场情况，三星财产保险在车险业务上的发展策略如何？三星财产保险将如何应对外资公司经营车险业务时普遍面临的人员及网点等短板？

【郑贤俊】三星财产保险将实行以直销为主的车险战略。目前我们已经在上海和苏州两个地区开展了车险直销业务，未来几年的重点是将直销业务扩大到北京、天津、青岛和深圳等4家现有分支机构。当积累足够多的车险直销经验时，我们将加速铺设分支机构网点。

当然，三星财产保险也十分重视传统车险的销售。在传统车险销售方面，我们会充分利用中介渠道，在严格规范经营的同时，通过各种形式的创新，实现与渠道各方的共赢。

在客户服务方面，三星财产保险除依靠自身的理赔网络之外，还借助外部公估公司、救援公司的力量，建立了较为完善的服务体系。随着车险事业的不断扩大，我们还将继续加大投入，确保三星车险客户享受最优质的服务。

【于华】三星财产保险在中国市场发展已经经过了8年的时间，您对8年来三星财产保险在中国市场的表现是否满意？获批经营交强险是否会成为三星财产保险在中国市场上加速发展的一次重要契机？

【郑贤俊】2005年4月，三星财产保险成为首家“分改子”的外资财产保险公司。几年来，公司经营稳步发展，年均增长率为25%左右，除2009年因受全球金融危机的影响，保费增长率出现短暂的波动外，其余各年都保持了两位数的增长速度。2010年、2011年、2012年保费收入分别为3.62亿元、4.28亿元、5.15亿元。2012年，公司的偿付能力高达2693%。截至目前，三星财产保险的主营业务依然是货运险、企财险、工程险等。若以纯利润为准，三星财产保险是外资保险公司中最高的。2008—2012年，三星财产保险连续5年荣获标准普尔A评级，2013年更是荣获A+评级。

秉承“做中国人民喜爱的企业，贡献于中国社会的企业”的企业愿景，三星财产保险积极投身公益事业。如2010年9月，三星财产保险每年向中国残疾人福利基金会捐赠20万元人民币，并承诺每销售一份三星车险，即再向中国残疾人福利基金会捐赠5元人民币，截至2012年底，已累计捐款516480元人民币。过去8年中，三星财产保险既注重经济效益，也注重社会效益，我对公司的发展是满意的。

获批经营交强险，对于三星财产保险来说具有非常重要的意义。我们将以此为契机，逐步改变多年来以企业客户为主、以韩资客户为主的业务结构。未来几年中，我们在服务以三星集团为主的韩资客户的同时，也将不断拓展面向中资客户的服务领域。在保持稳定发展非车险业务的基础上，加大车险的拓展力度，广泛开展个人业务，使公司的业务结构更加合理，进一步提高公司的市场竞争力。

根据公司近几年增长的态势，三星财产保险力争未来3年仍保持两位数的增长态势。同时，随着经营水平的不断提高，公司预计在未来几年中实现一定规模的跨越式发展。我们将坚持公司“效益第一”这个一贯的经营理念；同时随着车险业务的开展，也将考虑车险业务的经营特点，在追求效益的基础上，强调规模经济，扩大车险在公司的业务比重。

【于华】最近网络流传三星车险的一个宣传广告，三星集团的手机、平板电脑等明星产品元素都被引入其中。作为韩国第一大企业三星集团的子公司之一，强大的母公司背景会为三星财产保险的发展带来哪些优势？未来，随着业务的不断拓展，三星财产保险与其他兄弟公司的合作是否会越来越多？

【郑贤俊】三星集团涉及领域包括电子、金融、重工、化学等众多领域，目前进入全世界63个国家，员工数37万人，三星电子市值2296亿美元，位列世界第八。三星集团在全世界排名第一的产品有20多种，如智能手机、SD存储器、彩电等。

三星财产保险的母公司三星火灾海上保险株式会社，自1995年以来，在市场份额、纯利润、市场价值等方面始终保持韩国第一，偿付能力高达439%，是行业平均水平的2倍。

依赖于中国经济持续稳定健康发展，三星集团旗下30多家公司中已有23家在中国投资，包括三星电子、三星SDI、三星SDS、三星电机、三星康宁、三星火灾、三星物产等。截至2012年，三星集团累计在中国的投资总额为121亿美元，员工总数达到114537人。在2012年，三星电子确定在西安投资建成海外半导体最大生产线，作为“改革开放后中西部地区最大的外资项目”，此项目一期第一阶段投资将达70亿美元。

三星的品牌认知度为三星财产保险在中国的发展提供了诸多优势。三星智能手机目前在中国家喻户晓，通过消费者对三星的品牌认知，可以极大降低三星财产保险提高品牌知名度的成本。同时，母公司在车险经营上的成功经验，可以使我们在中国经营车险上少走弯路，提高经营效率。此外，未来通过与中国三星，尤其是三星电子的合作，可以迅速扩大我们的潜在客户群等。

毋庸置疑，未来，随着业务的不断拓展，三星财产保险将会越来越多地开展与其他兄弟公司之间的合作。

（《中国保险报》记者高嵩采写）

以专业风险管理夯实发展之基

——对话乐爱金财产保险（中国）有限公司董事、总经理曹哲镐

乐爱金财产保险（Leading Insurance Group，LIG）的“LIG”代表着引领保险金融未来，正是秉承这一目标，乐爱金财产保险（以下简称“乐爱金”）经过50多年的发展，已经成为韩国保险业界的代表品牌之一。

为突破韩国国内市场的发展“瓶颈”，乐爱金将目光瞄向了中国。从1996年、2003年分别成立北京代表处和上海代表处，到2008年6月获得中国保监会法人筹备批准，再到2009年10月乐爱金财产保险（中国）有限公司正式成立，全面开展在华保险业务，乐爱金进入中国已近20年时间。作为一家韩国保险公司，如何适应中国市场的发展，如何将韩国市场的成熟经验引入中国，都是值得乐爱金思考的问题。2013年7月中旬，《中国保险报》总编辑于华对话乐爱金中国董事、总经理曹哲镐，就以上话题进行了交流。

曹哲镐

乐爱金财产保险（中国）有限公司董事、总经理

曹哲镐先生，本科学历，毕业于韩国汉阳大学中文系。现任乐爱金财产保险（中国）有限公司董事、总经理。

1992年加入韩国LIG财产保险有限公司，在财产保险行业已有逾20年的工作经验，在业务拓展和团队领导方面具有丰富经验。

1995—2000年，分别在韩国LIG财产保险有限公司天津代表处、北京代表处任首席代表。

2000年回到韩国LIG财产保险有限公司总部，先后担任总部新产品开发部部长、韩国大型基础建设项目开发部部长、国营企业开发部部长，以及LG集团业务开发部部长等职务，涉及保险业务运作等各个方面的工作。

2013年4月1日起，任乐爱金财产保险（中国）有限公司董事、总经理。

【于华】从1996年开设代表处，乐爱金进入中国已经有17年时间，也一路见证了中国保险市场的发展。您怎么评价中国的保险市场？乐爱金在中国是如何战略定位的？

【曹哲镐】中国保险市场在改革开放后的20年间呈现了年均30%以上的增长，在其后的10年间也保持了两位数的增长率。2002年以后，保费收入规模急剧增加，在全球保险市场的排名逐年上升，到2010年已跃升至第6位。特别是在全球金融危机笼罩的2008年，全球保险市场出现2%负增长的时候，中国保险业却呈现出31.4%的高增长率。中国保险市场已成为全世界保险公司的角逐场，包括外资公司在内的众多保险公司正在展开激烈竞争，可谓是全球最火热的市场。

乐爱金作为一家有50多年历史的财产保险公司，在产品开发营销和重大客户服务方面拥有丰富的经验。我们根据中国市场的实际情况，研发引入在韩国市场得到充分验证的保险产品来满足中国客户需求，通过快速理赔等服务提高顾客满意度，从而确保我们的竞争力。此外，针对客户需求，为客户提供专业的风险管理服务，与其他竞争对手拉开距离。我们希望以此能为中国保险业的发展贡献一点绵薄之力。我们在发展初期，通过服务有竞争力的韩资企业稳步进入中国市场，今后将逐步发展非韩资的中国企业及个人客户，开发符合中国消费者需求的保险产品。

【于华】2012年，也就是乐爱金中国成立3年后，就实现了扭亏为盈，可以说十分不易。请您简要介绍下公司的业务情况，扭亏为盈的原因在哪。

【曹哲镐】在公司成立初期，为了追求销售业绩，难免出现一些盲目承保的倾向。但为了可持续增长，我们坚持稳健的核保政策，通过合理的再保险安排，在保持经营业绩的同时也降低了大型事故风险。恰巧这3年未发生大型赔案，并且与每年都会遭受两三次台风、暴雨的韩国相比，江苏省鲜有自然灾害发生，较低的赔付率成为我们实现盈利的一大因素。此外，我们没有为了盲目扩大销售与费用较高的代理公司合作，而是采用以韩资客户为主的直营方式节省经营费用。但今后我们会在开发符合中国市场产品的同时，尝试开拓多种销售渠道。

【于华】作为一家拥有50多年历史的韩国财险公司，乐爱金有什么好的经验可以与中国同行分享，特别是在车险领域？

【曹哲镐】在我看来，主要有三个方面的经验可以分享。首先是完全销售。保险合同是根据保险人制定保险条款，投保人直接使用附带条款的合同，保险人应该对条款进行详细说明，使投保人充分知晓保险内容。客户未充分知晓保险内容或非本人签名的情况下，保险合同条款可以视为无效。因此，保险公司向客户详细说明重要事项之后，作为客户已知晓相关内容的证据，需要得到客户的亲笔签名，才能算完全销售。网络的发达使保险信息的共享成为可能，消费者的维权意识也日益增强，在此种情况下，如果没有这种完全销售，客户的投诉只会越来越多，对保险行业的不信任也会日益增大。在韩国，客户的投诉是评价保险公司服务的重要指标，投诉的很大一部分和不完全销售相关，全公司都在尽全力争取做到完全销售。

其次是提高交强险的赔偿限额。我认为交强险的法定赔偿限额有待提高。目前的法定赔偿额太低，起不到相应的赔偿作用，今后无法得到合理赔偿的受害者只会增多。韩国的法定赔偿限额中，机动车辆、非机动车辆的车主及行人如果发生死亡或伤残，一律赔偿每人1.2亿韩元，折合人民币约67万元。而中国对于非机动车或行人，法定赔偿限额仅为11万元，限额可以提高的空间显而易见，即使不能立即提高到韩国的标准，也有必要提高到适用于车主的标准。当然这种法定赔偿限额的上调最终会导致交强险保费的提高，但是从保障行人利益的宗旨出发，应该到了对赔偿限额进行分段上调等方案进行积极讨论的时候了。

最后就是设立保险开发院等类似机构。在韩国，保险开发院是一个专门监督车险费率是否合理的机构。该机构从保险公司收集车险的第一手基础统计资料，提供参考纯费率，测算车险费率是否合理，发挥其监督职能。同时也对各种车型的性能进行统计分析，调整车辆的安全性等级。据了解，目前中国还没有此类独立机构。如果能以韩国的保险开发院为鉴，建立相关的机构，将对车险产业的发展有很大的贡献。

【于华】随着交强险对外资保险公司的开放，乐爱金中国在这方面有没有什么考虑，是否准备涉足该领域？

【曹哲镐】对于外资保险公司在中国境内的车险经营现况，我们在全面细致地研究学习。每个公司的切入战略及分析视角不同，我们需要充分研究，甚至邀请韩国总部的车险专家进行慎重的市场分析之后，再决定是否进入车险市场。

目前各保险公司的交强险和商业险都处于监管部门的政策指引下，几乎无太大差别，但随着《关于加强机动车辆商业保险条款费率管理的通知》的颁布，我们预计价格自由化会逐渐加大，今后车险产品及费率制度也会更多样化，期待我们公司能抓住这次好机遇。

【于华】近年来，随着产险市场的主体逐渐增多，市场竞争也日趋激烈，乐爱金中国怎样建立自己的核心竞争力？

【曹哲镐】我认为主要可以通过个性化的客户服务、人才经营以及本地化三方面来逐步建立乐爱金中国自己的核心竞争力。

近来，保险竞争日益激烈，客户眼光日益提高，在这种情况下，要提供有别于其他竞争对手的独特竞争力实属不易。如果只关注价格竞争，公司的经营业绩可能会不断恶化，并且因为无法提供合适的保险方案，最终在发生事故后，不仅会和客户产生矛盾，还可能导致客户经济上的损失。因此，我们的重心将从价格竞争转至专业风险管理服务，为不同企业提供可稳定经营的基础。因为我们认为保险业始于风险管理，回归初衷，这样才能得到客户的好评。

第二个方面就是人才经营。与技术和设备决定竞争力的制造业不同，保险业从产品开发到销售、管理，参与客户服务的每一个人才是核心竞争力。我们公司通过多种公司内外部培训以及知识分享活动培养优秀人才，建立“人才经营”的企业文化。此外，通过“读书经营”让大家接触优秀的经营案例，提升业务能力并应用于实务。

最后就是本地化。到目前为止，我们公司还很难说完全实现了在中国的本土化。如果不能开发满足市场需要的保险产品，我们就无法超越在资本能力和网点范围上都远远超前的中资保险公司。我们将把韩国的产品开发及服务进行进一步的改善和发展，以期符合中国消费者的标准，提供更深层次的保险服务。

（《中国保险报》记者李晓波采写）

长期看好并致力于发展中国保险业务

——对话丘博保险（中国）有限公司董事长James Patrick Bronner

作为全球最大的保险潜力股，中国保险市场的对外开放吸引了许多外资保险公司进入。纵观近十年，尽管参与中国保险市场的挑战犹存，市场份额较低，但大多数外资保险公司仍然看好它们在中国的未来。

丘博保险（中国）有限公司（以下简称“丘博中国”）作为一家较早进入中国市场的外资保险公司，其经营理念同其他很多在华经营的外资保险公司相似，不急于盲目扩大业务规模和市场份额，而是始终保持稳健谨慎的作风，在特定的保险领域发挥自身的专业优势。

2013年6月中旬，《中国保险报》总编辑于华与丘博中国董事长James Patrick Bronner对话，共同探讨了外资保险公司如何真正融入中国保险市场，从而充分发挥外资的技术和经验优势。

James Patrick Bronner

丘博保险（中国）有限公司董事长

James Patrick Bronner，毕业于曼哈顿大学，并获得财务和会计学士学位。现任丘博保险（中国）有限公司董事长。

1984年加入丘博保险集团；2012年4月，被任命为丘博保险集团亚太区首席执行官，负责管理丘博保险集团在亚太区的所有业务；2012年9月，出任丘博保险（中国）有限公司董事长。

此前在总部位于美国新泽西州华伦镇（Warren，New Jersey）的丘博保险集团担任特殊金融保险部首席核保官，丘博特殊金融保险部主要负责承保包括董事及高管责任险在内的管理责任保险。在丘博保险集团从业29年来，还担任过很多其他的核保和管理职务，包括集团金融机构保险部全球负责人以及拉美地区首席核保官。

【于华】今年是丘博保险集团（以下简称“丘博保险”）进入中国的第13年，从2012年的信息披露来看，丘博中国由亏转盈，实现这一良好表现的原因是什么？目前，丘博中国的业务结构是怎样的，服务于本土客户和外国客户的占比是多少？

【James Patrick Bronner】在丘博保险的国际业务中，中国是一个非常重要的部分。虽然我们是在2000年获准在上海开展保险业务的，但实际上我们在更早以前就进入中国了。我们于1994年3月在北京设立了代表处，并于1995年在上海成立了丘博保险培训中心，致力于培养和发展中国保险市场的专业力量和专业人才。丘博保险来到中国已经19年了，我们为这段历史感到非常骄傲。

丘博保险长期看好并致力于发展中国业务。为了打造坚实的经营基础，确保丘博中国能够为客户提供丘博全球闻名的专业承保技术和理赔服务，我们一直都在努力为中国业务经营配置充足的资源。在各类资源和基础设施方面的投资对丘博中国长远的成功至关重要，但也的确影响了过去几年的盈利能力。因此，我们十分欣慰地看到，丘博中国得益于强劲的承保业绩，已于2012年开始实现盈利。

从商业策略的角度来看，我们选择专注于能为客户增值，并且能使我们盈利的一类业务。因此，丘博中国一直比较侧重于经营特殊责任风险类业务，比如技术、生命科学、产品责任、清洁技术和董事及高级管理人员责任相关的保险业务。此外，我们也相信，在货物运输、承运人责任和意外及健康保险等其他领域，丘博中国能为客户提供极具价值的服务。丘博保险专注的传统领域一直是上述这类责任险而非财产险，2012年的经营结果同样印证了这一特点。

目前，丘博中国为中国本土的客户以及在中国设立分支机构并有保险需求的国际客户提供一系列保险产品。事实上，丘博中国的大部分业务来源于中国本土的企业客户。许多客户向全世界出口其产品和服务，并需要防范那些在中国并不常见的风险。例如，一家设在上海的本土制造商，其产品在海外销售时可能会触及出口目的地许多不同的法律、法规，而这家中国制造商对那些法律、法规可能并不熟悉。我们深信，丘博中国的丰富经验和专长能够协助本地客户全面防范这一类风险。

【于华】丘博中国在进入中国多年后，在江苏开设了第一家分公司，选择江苏的原因是什么？目前这家分公司的经营情况如何？比起其他外资险企，丘博保险在中国迈出的步子似乎相对保守，您同意这个说法吗？缓慢扩张的主要原因是什么？

【James Patrick Bronner】丘博中国选择在江苏省设立第一家分公司，是因为江苏显然是一个经济强省，增长强劲，并且是一个非常大的产险市场。我们还相信，设在江苏的当地企业将能够受益于我们提供的专业化产品。丘博中国江苏省分公司迄今的发展状况令人满意，目前拥有12名员工，在市场上正日益获得更大的发展动力。

丘博保险在中国的整体策略是努力实现盈利性增长。我们希望做大业务规模，但我们不会为此而进入我们认为可能缺乏利润空间的细分市场或者推出一些缺乏利润增长潜力的产品线。这是丘博保险在世界各地普遍采取的策略，虽然这可能被一些人认为相对保守，但我们相信这对丘博保险来说，是一个明智的商业战略。我们相信，通过坚持这一战略，丘博中国正在中国稳步发展。这个市场在持续增长，并且拥有良好的商业环境。我们在寻求新机遇时秉持一种自律和严谨的态度，但是一旦找到一个我们能够为其提供增值服务并且可以实现承保盈利的细分市场，我们将非常果断地积极开拓该细分市场。

【于华】目前，中国保险业的政策环境已相对开放，外资允许经营交强险，在车险一险独大的环境下，丘博中国是否有意朝这方面发展？继江苏省分公司成立之后，是否有意继续扩展在中国的保险蓝图？

【James Patrick Bronner】我们非常高兴地看到，中国的汽车交强险市场已向外资保险公司开放。我们认为，这是一个促进竞争，并可以为中国客户提供更多选择的非常积极的变化。目前，丘博中国尚未在中国提供汽车保险，并且现阶段我们尚无计划进入这一市场。然而，按照我们的整体战略，我们将继续密切关注中国的车险市场，以及时抓住可能出现的商业契机。

正如前面提到的，我们致力于做大丘博中国的业务规模。我们愿意尝试各种可以实现盈利性增长的方法和策略，包括新的细分市场、新的产品、新的合作伙伴以及潜在的新的分支机构。目前，我们专注于江苏省分公司的发展，这一点毫无疑问，但如果将来发现其他省份存在实现盈利性增长的机会，我们也一定会考虑申请设立新的分支机构。

【于华】从2012年保险业经营情况来看，外资险企的市场份额仍在1%左右徘徊，您如何看待外资险企在中国的发展？您又是如何评价丘博中国这几年在中国的表现？比起其他外资险企，属于丘博中国的经营特色和专业优势是什么，市场定位又是什么？丘博中国未来的发展战略和计划是什么？

【James Patrick Bronner】当我们最初进入中国市场时，我们的确预期外资保险公司的市场份额将以更快的速度增长，市场份额会远远超出现在的1%。然而这种预期并未实现，我相信有许多原因。也许最重要的原因就是，本土的保险公司仍然非常具有竞争力，能够持续为客户提供优质服务。外资保险公司应当在开发、推出新产品时努力创新，争取为客户提供差异化的保险产品和服务。毫无疑问，中国保险市场之大，足以为本土保险公司和外资保险公司提供充分的发展空间。

我们对丘博中国目前的发展状况很满意。我们将一如既往地注重业务的盈利性，并将寻求适当的机会做大业务规模。我们相信，客户看好丘博保险的核心优势，并且这些优势将继续使我们与众不同。在向世界各地的企业和个人客户提供创新和专业化的保险产品方面，我们已经积累了超过130年的丰富经验。我们一贯努力与客户和销售渠道建立牢固和持久的合作关系。我们已在26个国家建立了约120家分支机构，这个庞大的国际网络对那些出口海外或到海外经营的中国客户来说具有重要价值。最重要的是，我们一贯尊重并以诚信对待客户。我们特别重视公平和及时的理赔，并拥有很高评级的财务实力以支持我们对客户作出的承诺。

丘博中国的规划是，充分利用自身优势，不断开拓细分市场，通过提供专业化产品和服务，进一步实现业务的发展壮大。

【于华】您一直都在亚太地区工作，比起日本和韩国，您觉得中国保险业目前的发展如何，未来的走势如何？您对中国保险业的发展有何期待？

【James Patrick Bronner】我认为，中国保险市场与世界上任何其他市场都不同。它的规模和增长速度使其显得尤为独特，并且在保险销售、市场主体、保险产品和客户需求等方面仍然在不断发展变化。我相信，随着客户的保险需求日趋成熟以及购买模式的转变，中国保险市场将会继续快速发展。此外，中国的保险业已经发生了一些颠覆性的变化，比如交强险市场对外资保险公司开放。因此，总的来说，中国的产险市场的确是一个令人兴奋的地方。

相比之下，其他国家如日本和韩国的保险市场虽然也很大，但就发展而言，它们更显得成熟和稳定。在这些市场上我们没有看到和中国市场相同的增速，也没有看到在产品及销售领域相同的变化速度。但我想指出，这些市场对丘博保险同样重要。

综上所述，我完全相信，中国市场将继续保持强劲的增长势头。中国各地的经济增长仍然是一个重要的驱动因素，同时我也预期客户的保险保障需求和保险公司的产品将进一步发展成熟。客户将希望看到保险公司不断实现创新，不仅是产品和服务方面的创新，还包括通过创新的技术来实现优异的客户服务。

（《中国保险报》记者韩啸采写）

进军车险市场是扩大业务的最好契机

——对话现代财产保险（中国）有限公司董事长赵镛一

交强险对外资开放，在为外资险企提供更多发展机会的同时，也有利于通过引进国外的成功经验转变国内交强险市场长期亏损的局面。

目前正在等待保监会最终批复的现代财产保险（中国）有限公司（以下简称“现代财险”），在经营车险业务方面颇有经验。

2013年6月底，《中国保险报》总编辑于华与现代财险董事长赵镛一进行了对话，就交强险的开放对险企的影响及外资公司在中国的发展等问题进行了探讨。

赵镛一

现代财产保险（中国）有限公司董事长

赵镛一先生，毕业于首尔大学英语专业，现任现代财产保险（中国）有限公司董事长。

1988年1月加入现代海上火灾保险株式会社，1990年11月任现代海上纽约代表处首席代表，1995年11月任现代海上海外业务部部长，1998年1月任现代海上大邱分公司总经理，2001年2月任现代海上一般保险业务本部常务。

2007年2月起担任现代财产保险（中国）有限公司董事，并积极参与了现代财产保险（中国）有限公司的筹建工作。2010年12月出任现代财产保险（中国）有限公司董事长。2013年7月任现代海上企业保险本部专务，负责公司企业保险整体经营管理工作，同时负责管理日本分公司和中国子公司等所有海外机构。

【于华】自去年中国交强险业务对外资开放后，包括现代财险在内的数家外资公司都表现出了浓厚的兴趣，并进一步参与到车险领域。目前，现代财险的交强险业务准备情况如何？现代财险在中国开展交强险业务是如何规划的？

【赵镛一】2012年5月1日交强险业务向外资保险公司开放一文下发后，现代财险就立即成立了交强险业务筹备小组，开始推进交强险业务。如今，现代财险已经完成了相关业务的系统开发、理赔服务网络的构建、相关人员的配备等，做好了万全准备。同时根据法律法规，按照流程进行交强险业务的行政审批工作，我们现阶段正等待获得最终的批复。

目前北京分公司和青岛分公司已完成了车险业务的系统开发和人员配备，青岛保监局和青岛市保险行业协会的现场验收也已结束。一旦获得交强险业务经营资格，现代财险会凭借过去5年商业车险的销售经验和理赔服务能力，努力为北京及青岛地区车险客户提供高水准的保险服务。

【于华】保监会近几年的数据显示，交强险经营都处于亏损状态。面对目前的车险市场，您认为交强险对外资开放政策对国内车险市场会带来哪些影响，对外资险企开展车险业务又会带来哪些挑战？您对未来车险市场又有怎样的预判？

【赵镛一】过去几年交强险经营确实面临亏损，但并不能断言中国车险市场前景不佳。交强险经营亏损是因为它并非单纯的产品，而是具有很强的社会保障功能。

过去，外资保险公司不允许销售交强险，只能销售商业车险，从投保到事故理赔，给客户带来很多不便。因此，外资保险公司想在中国车险市场占有一席之地，还有很多困难和阻碍。

中国财产保险市场中，车险占比很高，且呈现持续增长的趋势。随着经济的加速发展，机动车数量也在大幅增加，除了单纯的机动车投保数量增加，更多的是不同消费者阶层对保险的需求越来越多样化。

在此市场环境下，拥有悠久历史经验和成熟技术的外资保险公司可以以先进的核保政策、优质的理赔服务来满足保险消费者多样化需求，同时也能获得自身更高层次的发展。

前面提到，外资保险公司要在中国车险市场立足存在很多困难，但我们仍然相信，通过以满足客户为最高目标的政策和战略，与车险产业同步发展，尽最大的努力，必定可以收获丰硕的成果。

【于华】从2012年保险业经营情况来看，外资险企的市场份额仍在1%左右徘徊，您如何看待外资险企在中国的发展？比起其他外资险企，现代财险的竞争优势是什么？

【赵镛一】我们预计，外资保险公司在中国保险市场的占比会逐渐上升，这从制度层面的环境变化、外资保险公司的内部竞争力方面都可以看出。近期，中国财产保险市场最大的制度变化就是2012年5月发布的交强险对外资开放政策。交强险对外资开放前，一些外资保险公司经营商业车险，但销售业绩受到很大程度的制约。在车险份额约占财产险公司70%的市场环境下，交强险受限是外资保险公司扩大市场占比的最大绊脚石。交强险对外资开放后，外资保险公司可以在中国全面进军车险市场。当然，即使交强险对外资开放，外资保险公司的市场占比也不可能得到明显提升。只有通过优质的保险理赔服务，提高客户满意度，提升品牌认知度，才能扩大外资保险公司车险销售业绩。据了解，现阶段外资保险公司都在就这一方面进行重点探讨，并着手准备。

进军中国市场的外资保险公司要建立市场拓展战略，最重要的就是对市场的准确理解。现在，已有20多家外资财产险公司进军中国保险市场。其中大多数公司进入中国市场已经很长时间，积累了不少的经验，对中国保险市场的认识度已经很高。

而另一种竞争力是公司员工的业务能力。大多数外资保险公司招聘员工后，为其提供各种国内外优秀的培训课程，提高员工的业务能力。

现代财险同样也有针对新员工的专业培训，通过派遣优秀员工到韩国总公司进行海外研修等不同的培训形式，积极为员工考取保险相关资格证提供便利和支援，为提高员工的业务能力及提升公司的竞争力而不断努力。另外，最重要的竞争优势是总公司对中国子公司的关心和积极持久的投资。中国保险市场每年实现两位数的增长，是全球所有保险公司最为关注的焦点，已在中国设立保险公司的外资保险公司通过增资或参股等方式进行投资。总公司在中国市场上的扩大投资是外资保险公司提升竞争力的最好的方式。

有了作为外因的制度调整及作为内因的竞争力提升，相信外资保险公司的市场占比会不断扩大。

现代财险相较于数量上的追求，更注重发展成为综合实力较强的保险公司。我们计划为中国客户提供区别于其他保险公司的个性化保险服务，尤其是在与车险相关的保险产品的开发及销售方面，具有不同于其他保险公司的竞争优势。现代财险针对兄弟企业现代汽车和起亚汽车推出了车辆延长保修责任保险、二手车残值保障保险和新车更换补偿保险。

【于华】目前，绝大多数外资保险公司的业务都以服务本国客户为主，现代财险的业务结构是怎样的，服务于本土客户和外国客户的占比是多少？现代财险曾表示过，要开展面向中国企业和个人的业务，加快研发和经营本地化进程，现在这一计划进行得如何？是否有考虑进一步扩展中国客户，其计划又是怎样的？

【赵镛一】外资保险公司在中国市场的发展是一个不易的课题。外资保险公司的市场占比约为1%，向中资企业和个人客户销售保险产品是非常困难的事情。在这种形势下，现代财险通过车险业务和非车险业务，扩大了中资企业和个人客户比重，尽管这个过程并不是非常顺利。车险方面，个人客户占比约九成；非车险直保业务中，中资企业比重很小；分入业务中，中资企业业务占60%以上。整体上，中资企业和个人客户业务约占40%。

对于进军中国市场的外资保险公司，真正的成功不是将自己国家相关业务做好，而应该是全面的发展。获得交强险业务经营资格，正式全面进军车险市场，是扩大中资业务的最好契机。非车险业务要提升中资企业直保业务，仍然很难实现，目前会继续通过分入业务开拓中资客户。

现代财险成立以来，为实现面向中资客户的非车险直保业务，有过扩充人力、与多家保险经纪公司寻求合作的经历。目前，我们正在结合过去6年的经验教训，深入分析存在的问题和关注的焦点，短期内将致力于提升公司的综合能力，为今后全面拓展中资业务打好坚实的基础。

【于华】自2007年成立以来，现代财险在中国市场发展已经经过了6年的时间，现代财险在中国这几年的表现如何？现代财险在中国市场发展的未来打算是怎样的？

【赵镛一】现代财险是由韩国现代海上火灾保险株式会社设立的全资子公司。在成立初期，主要致力于通过具体业务拓展积累经验，确保公司的稳定发展。从2010年开始，为拓展营业网点，由韩国总公司增资了人民币1亿元，于2011年10月成功设立了青岛分公司，2012年7月递交了江苏分公司的筹建申请。待江苏分公司正式成立后，现代财险将选择重点地区不断增加机构网点的铺设。与此同时，我们将更致力于开发并销售满足中国客户需求的保险产品，将现代财险发展成为中国保险市场中具有雄厚综合实力的保险公司。

（《中国保险报》记者韩啸采写）

后记

POSTSCRIPT

《高端访谈——与保险公司老总对话》一书，收录了2012年以来《中国保险报》对28家在华保险公司董事长、总经理的访谈。书中受访对象，除了4家保险集团的董事长，其余均为财产保险公司的董事长、总经理，涵盖了中资、合资、外资的各类财产险企业。可以说，这是财产保险市场主体的代表人物在媒体上少有的一次集体亮相和发声。

媒体的重要职责之一是发现和传播有价值的资讯。这些访谈是由中国保险报业股份有限公司的高管和记者共同采访并以对话形式完成的，已先后在《中国保险报》头版和中保网公开发表，在行业内外产生了广泛的影响。承蒙中国财产再保险股份有限公司特约刊登并提供赞助，保险报业与中再产险共同组成编委会，将与保险公司老总们的对话结集成《高端访谈——与保险公司老总对话》一书，现由中国金融出版社出版发行。

收集在《高端访谈——与保险公司老总对话》中的保险公司老总们的对话均已见诸报端和网络，为什么国内最大的财产再保险公司、金融业最权威的出版社和保险业唯一的专业媒体公司还要联袂合作、将其编书出版呢？我们自认为是工作职责使然。为直保公司客户服务是财产再保险的义务，出版专业书籍是专业出版社的主业，传播专业信息是专业媒体的核心竞争力。我们通过“与保险公司老总对话”的视角，集萃专业精英的观点，在“信息碎片化”的阅读环境中，帮助读者集中时间领略保险高层管理者的思想理念与专业经验，同时也加强保险公司老总和我们自己的“用户体验”，这是我们为客户服务的题中之义。

当然，我们还有一个更强烈的愿望，即发挥保险行业舆论主阵地的影响力，通过帮助读者领略风险管理专家对风险及其风险管理的专业分析和经验分享，促使保险消费者对目前保险行业特别是财产险行业的发展现状、特征和趋势有新的了解，对风险意识和保险知识有进一步的认识，从而更加理解、信任、支持以分散风险为职责的现代保险业的健康发展。

现代社会，风险无处不在，保险与社会公众的关系日益密切。公众出于对专业风险管理者的信任，将生老病死风险和财产责任风险投保托付给保险业。作为专业风险管理者，保险业如何以大爱的胸怀，以诚信的精神，运用专业风险管理能力，为公众提供更有效的风险保障？这迫切需要较高的公众保险意识与良好的保险行业形象共同支撑。而二者的相辅相成，正是发达市场经济体保险市场的显著特征。《高端访谈——与保险公司老总对话》一书的编辑出版，是我们参与当前保险业传播保险知识、改善行业形象这一共同行动的一个小小尝试，我们期冀也能产生一点小小效果。

在本书付梓之际，首先要感谢28位受访的保险公司董事长、总经理。他们在百忙之中接受《中国保险报》的访谈并发表专业见解，不吝分享自己的从业经历和感悟，直言行业发展的利弊得失。正如中国再保险（集团）股份有限公司李培育董事长在本书序言中所指出的，面临保险主体增加、盈利水平下降、渠道格局转变、巨灾频发等一系列挑战性课题，保险公司老总们解放思想，改革创新，用思想智慧和成功实践，与同业分享了不同保险公司在行业转型阶段的发展经验和特点。其中，有对产险行业发展趋势的深刻认识，有对服务能力和差异化竞争的不懈追求，也有对商业模式变革的积极探索。2012年和2013年上半年，我国财产险行业保费收入持续保持了15%以上的较快增长势头，农业保险保费收入贡献率大幅提高，行业总体实力显著提升，财险资本回报高于银行资本回报，行业利润一年一个台阶。这些来之不易的业绩，来自包含受访老总们在内的全行业员工的共同努力。在老总们对话的字里行间，充满了创新进取的企业家精神，凸显出当代保险家的睿智、敏锐和勤勉，呈现出保险业奋力向前的发展印迹。

感谢中再集团李培育董事长应邀为本书作序。他用市场的眼光和理性的思维，对访谈内容进行概括分类，并作出专业评点。感谢中国财产再保险股份有限公司慧眼识珠，从最初在报纸上特约刊登“对话”，到最后决定赞助将其汇集成书，让这些有价值的专业思想能够积淀和传播。在这里，要特别感谢中再产险和春雷总经理对本书的特殊奉献。早在去年初，和总就主动与我谈及“对话”的价值，后来又提议出书，成立了包括李媛媛副总经理、王振宇总经理助理、王芳洁经理在内的策划团队，并以藏书者的热情多次参与出版社的选择、商谈和具体策划，紧锣密鼓地促成了本书的编辑出版。

为完成本书，中国保险报业高层和记者积极参与访谈。于华总编辑、杜增良副总经理、李俊岭副总编辑等人以及以采访部李画主任为主的记者团队统筹策划，不辞辛苦，在全国各地寻访保险公司老总，有时为了面访效果更佳，曾在一天之内往返于北京与受访老总所在城市之间。一年多来，《中国保险报》多位记者编辑为“对话”的采编倾注了很多精力。对于他们的努力，在此一并致谢！

此外，还要感谢中国金融出版社对本书出版的大力支持。张红地副总编辑自始至终指导了编辑策划工作。出版社各位编审人员对本书内容和版式进行了认真编审，装帧设计人员对本书的封面和内页设计提供了精美的方案。对他们为本书付出的辛勤劳动，也深表谢意！

最后，我想转述一位保险监督官员近日在一次内部培训会上的预警：虽然我国财产险市场近两年增长依然较快，总体实力增强，服务能力提升，农业保险成为财险市场第三大险种，但由于车辆市场发展放缓和恶性竞争抬头，承保利润下降，大、小公司两极分化，风险凸显，表面上繁花似锦，实际上如临深渊。联想起2012年10月一位保险公司老总在对话时的大声疾呼："打价值战，不打价格战。否则，前几年财险市场所作的努力就有可能前功尽弃。"10个月过去，言犹在耳，振聋发聩！

如何加快市场化改革以促进保险行业的可持续发展？如何通过严格监管和自律以防范化解"繁荣的危机"？这应该是更多的监管者和市场主体人士共同关注的热点话题。让我们继续进行有价值的对话。

由于时间仓促，水平有限，本书难免存在一些不足之处，敬请读者朋友特别是业界人士提出宝贵意见。

中国保险报业股份有限公司董事长　赵健

二〇一三年八月十二日于北京海淀吴家场路51号